LE POULPE
LE CANTIQUE DES CANTINES

LE POULPE

Jean-Bernard Pouy	*La petite écuyère a cafté*
Serge Quadruppani	*Saigne sur mer*
Patrick Raynal	*Arrêtez le carrelage*
Didier Daeninckx	*Nazis dans le métro*
Noël Simsolo	*Un travelo nommé désir*
Franck Pavloff	*Un trou dans la zone*
Paul Vecchiali	*La pieuvre par neuf*
Jean-Jacques Reboux	*La cerise sur le gâteux*
Pascal Dessaint	*Les pis rennais*
Claude Mesplède	*Le cantique des cantines*

Du même auteur

Voyage au bout de la noire (avec Jean-Jacques Schleret),
2 vol., Futuropolis, 1982 et 1985
Pas de peau pour Miss Amaryllis, Souris noire, Syros, 1988
Les Années Série noire, 4 vol. parus, Encrage, 1992-1995
La crème du crime (avec Michel Lebrun),
2 vol., l'Atalante, 1995

ISBN : 2-84219-012-2

ISSN : 1265-986X

© ÉDITIONS BALEINE 1996

Tous droits de reproduction, adaptation et traduction réservés pour tous pays.
Les personnages et les événements relatés dans ce roman sont fictifs. Toute
ressemblance avec des personnes existant ou ayant existé serait purement fortuite.

LE POULPE
claude mesplède

LE CANTIQUE DES CANTINES

LE POULPE
ÉDITIONS BALEINE

*Aux copains d'Orly et de
Toulouse Montaudran
et à Fred pour le titre.*

1

Paco Escobar attendait Marie dans un petit bistrot de la place Dupuy. Quelques dizaines de mètres plus loin s'élevait la Halle aux Grains. Depuis belle lurette on n'y vendait plus de blé, de haricots ni de graines pour les oiseaux. La façade a été rénovée, l'intérieur remis à neuf. Aujourd'hui le bâtiment est devenu une salle de concert où l'Orchestre du Capitole se produit de façon régulière.

Il avait plu tout l'après-midi mais à présent le ciel était redevenu limpide. La température restait douce et pour Paco la soirée s'annonçait agréable. Il trouvait ce temps presque idéal. Il n'était pas le seul. Des centaines de Toulousains se promenaient encore dans les rues. Certains commençaient à faire la queue devant les cinémas. D'autres avaient envahi les terrasses des restaurants du boulevard.

Assis à une table à l'intérieur du troquet, Paco jetait parfois un coup d'œil à sa montre. Marie n'était jamais à l'heure, mais il ne s'inquiétait pas trop. Elle avait tout organisé. À la table voisine, la serveuse venait de poser les tasses d'une main tremblante, éclaboussant un peu de café dans les soucoupes. Les quatre types qui tapaient le carton, pris par leur jeu, ne s'en aperçurent même pas. Coincé sur sa banquette, Paco nota la maladresse et sourit. Il venait pourtant de prendre une bonne claque ces dernières semaines. Alors qu'il se croyait depuis toujours orphelin, il venait subitement de se découvrir un père. Et celui-ci refusait de le connaître. Paco n'avait pas supporté cette douche froide. Il s'était laissé emporter par la colère pour passer à l'action. Peut-être avait-il fait une connerie. Il était incapable de le savoir et redoutait le moment d'en parler à Marie. Heureusement qu'il avait rencontré cette fille. Depuis qu'il la connaissait son existence avait changé. Il commençait à trouver la vie plus chouette. Sans doute n'était-ce pas le cas de la serveuse. Elle semblait nerveuse. Peut-être un chagrin d'amour ? Il laissa ses pensées vagabonder quelques instants puis se remit à surveiller la pendule fixée sur le mur d'en face.

Derrière le comptoir du bistrot une forte femme, au visage avenant, s'appliquait à essuyer le marbre avec un torchon. Lorsqu'elle releva la tête, son regard se porta vers l'entrée.

Un homme de petite taille, le crâne chenu, vêtu sobrement, venait de pénétrer dans l'établissement. Il tenait dans la main une baguette de pain. Souriante la patronne s'exclama :

– Comment tu vas mon Zappi ?

L'homme lui adressa un clin d'œil.
– Toujours comme un poireau ma belle, la tête blanche et la queue verte.

La belle supposée se mit à pouffer. Le nouvel arrivant dut se glisser entre les consommateurs et frôler plusieurs fesses avant d'atteindre le bord du comptoir.

– C'est la foule, ajouta-t-il, tendant la main à son voisin.

Celui-ci arborait un costume noir, queue-de-pie avec chemise blanche et nœud kiki. Avant le début de chaque spectacle la plupart des musiciens avaient pris l'habitude de venir s'en jeter un. Pour la route.

– Ce soir on va jouer à guichets fermés, répliqua l'autre en ramassant un étui à violon en équilibre contre son tabouret. Il poursuivit. Il faudrait quand même qu'un jour vous vous décidiez à venir nous écouter, père Zappi. Il y a longtemps que je veux vous offrir une place. Je suis sûr que vous n'avez jamais mis les pieds à la Halle aux Grains depuis qu'on l'a transformée.

– Aco pitchoun, tu as gagné ton pari. Et pourtant j'habite à côté, mais je te dis pas qu'un jour à l'occasion…

Zappi absorba une gorgée du verre de pastis que la patronne venait de déposer devant lui et donna une petite tape de la main dans le dos du musicien qui quittait la salle à la suite de ses collègues.

Paco regardait encore la pendule lorsqu'une jeune femme aux cheveux bruns, coupés court,

vint s'asseoir auprès de lui après l'avoir embrassé.
– Je ne suis pas trop en retard cette fois. On a encore une demi-heure.
– Tu bois quelque chose ?
– Un café, comme toi.

Ils se prirent par la main et se regardèrent longuement en silence tandis que la serveuse s'éloignait après avoir déposé la commande. Deux tables plus loin, un homme semblait plongé dans la lecture d'un magazine. De temps en temps il relevait la tête pour jeter un regard en direction du couple.

– Tu sais Marie, c'est la première fois que je mets les pieds dans une salle de concert. Sans toi je ne serais jamais venu.

Elle esquissa un sourire.

– Je le sais. Vous avez souvent besoin des femmes pour évoluer un peu. Mais maintenant il faudrait quand même se bouger, sinon on va être à la bourre.

Ils se levèrent, sortirent du café et s'approchèrent de la Halle aux Grains, tout illuminée, pour prendre place au milieu des mordus de l'Opéra qui faisaient la queue devant la porte d'entrée. L'inconnu qui tout à l'heure les observait, lui aussi, s'était levé. Il portait à la main un étui à musique. Empruntant l'entrée des artistes, il disparut rapidement.

***

Depuis leurs sièges, obtenus grâce à des billets de faveur, ils dominaient la scène. Marie n'avait pas voulu manquer cette première de *Fidelio*, l'unique opéra de Beethoven qu'on n'avait encore jamais joué ici. Elle était si heureuse que Paco se soit laissé convaincre, lui qui n'écoutait que du rock. Lorsque les premières mesures éclatèrent, elle examinait le décor qu'elle trouvait grisâtre. Cour de prison entourée de cachots, barbelés ceinturant l'ensemble jusqu'au plafond. Et des chemins de ronde où se promenaient, pistolet mitrailleur à la hanche, plusieurs figurants en uniforme. Sinistre.

Premier duo, Jacquino-Marceline. La voix de la fille lui sembla un peu faible pour le rôle. Un instant distraite, elle observa ses voisins. Sans affectionner les modes vestimentaires – Marie préférait de loin son deux pièces en cuir noir – elle constata avec plaisir que le jean avait détrôné la robe de soirée.

À présent Rocco-Leonore-Pizarro terminaient d'échanger des couplets vibrants. Séduit, Paco regardait attentivement la scène. Les prisonniers sortaient un à un des cachots pour se regrouper au centre. Il regretta de ne pas posséder des jumelles comme en exhibaient les mélomanes. Le chœur s'éleva, ample :

O Himmel ! Rettung ! Welch ein glück !
O Freiheit ! Kehrest du zurück !

À la fin du chœur des prisonniers, un officier est censé surveiller l'agitation dans la cour de la prison et il montre son nez au-dessus du mur d'enceinte. En levant les yeux vers les cintres Paco le repéra avant qu'il ne disparaisse à toute vitesse. Il vit aussi briller sous les projecteurs le canon d'un fusil à lunette braqué dans sa direction. Émue par le chant, Marie venait de se pencher vers son ami pour lui caresser tendrement la joue. Il eut la chair de poule et envie de hurler. À la même seconde la tête de Marie explosa. Il se retrouva, souillé de sang et de cervelle, étreignant comme un dément le corps sans vie de sa compagne. Per-sonne n'avait entendu le coup de feu mais le cri de Paco paralysa la salle. L'orchestre s'arrêta, à l'exception d'un alto qui échappa encore quelques fausses notes. Les rumeurs reprirent sourdement. Ainsi mourut Marie lors d'une douce soirée de printemps.

2

Le lendemain, une photo de Marie s'étalait à la une du quotidien toulousain *La Dépêche du Midi*. Le contenu de l'article qui suivait, aussi mince que la pension d'un ancien combattant, était révélateur du merdier dans lequel se débattait la police locale. Les flics avaient interrogé les membres des chœurs et les musiciens de l'orchestre du Capitole. Personne ne s'était rendu compte de rien. On avait retrouvé l'acteur qui jouait l'officier enfermé dans un placard des combles du théâtre. Il n'avait vu que fifre.

Pour ajouter à la confusion, Paco Escobar, hospitalisé après le choc qu'il venait de subir, demeurait introuvable. Une telle affaire ne pouvant manquer d'intéresser tous les papivores, quelques journaux nationaux avaient repris l'information. *Le Parisien* titrait «*Meurtre mystérieux à Toulouse*». Presque du Woody Allen, humour juif et talent mis à part. C'est ainsi que les habitués du bistrot parisien Au pied de Porc à la Sainte-Scolasse découvrirent la nouvelle.

Gabriel Lecouvreur se tenait à sa place habituelle, installé à une table, près de la vitrine. Il lisait attentivement le journal en achevant de boire un café.

– Je parie qu'il décortique le truc sur le meurtre de la fille à Toulouse ! se mit à gueuler Gérard le patron ventru du bistrot.

Il se débrouillait toujours pour jeter un œil sur le canard avant les autres afin de mémoriser les gros titres bien saignants.

Personne ne releva le défi. Gérard avait fait le coup si souvent que seul un consommateur de passage aurait pu s'y laisser prendre.

– Je parie une tournée ! relança-t-il en sourdine.

Il passa un coup de torchon sur le zinc impeccable du comptoir avec la mine du gars qui a l'air absorbé par son travail.

– Tu vas pas toujours nous niquer patron,

plaisanta Samir qui joignit le geste à la parole. Les habitués se marrèrent. Le Professeur qui travaillait depuis quatre ans à sa thèse sur Malebranche, sourit en relevant la tête et abandonna un instant l'étude de son philosophe favori. Même Vlad l'hirsute, qui revenait de faire pisser Léon, le berger allemand du patron, éclata de son rire guttural, breveté jodleur suisse, avant de s'esquiver dans la cuisine pour se remettre au boulot.

– Bande de mécréants, la tournée, je vous la paie, conclut Gérard en rigolant. Un honnête commerçant peut aussi avoir un grand cœur.

– Sûr. C'est même là qu'il planque son portefeuille, ajouta un poète en verve.

Ils s'approchèrent du comptoir. Gérard qui avançait les verres, lança de sa voix forte :

– Savez-vous ce qui marche en faisant sept fois sliff et une fois slop ? Non, vous voyez pas ? C'est un poulpe avec une jambe de bois.

Gabriel redressa la tête en souriant. Il se leva en dépliant sa longue carcasse pour rejoindre le groupe.

– Poulpe, une petite bière ? Comment va le monde ce matin ?

– Aujourd'hui pire qu'hier et bien moins que demain, mon capitaine.

– Voilà qu'il m'appelle capitaine à présent. C'est nouveau ça. Tu devrais pourtant te souvenir qu'on m'a réformé pour pieds plats.

– C'est pour ça que tu sais si bien faire marcher les autres, cria Maria, la bourgeoise du patron, du fond de sa cuisine. La robuste Catalane achevait de préparer les pieds de cochon pour le coup de feu de midi.

Les choses auraient pu en rester là, mais les habitués de ces joutes oratoires entre Gérard et Gabriel, copains depuis vingt ans, aimaient quand ça durait longtemps.

Gérard reprit à l'adresse de Gabriel.

– Je suis sûr que ce meurtre à Toulouse te prend la tête. Quand même ces sudistes, ils exagèrent. C'est plus de l'opéra qu'ils nous font. C'est presque Grand Guignol, comme du temps de la rue Chaptal.

– Y'a des jours, t'es vraiment con, mon pauvre Gérard. Tu sais pas quoi dire pour te rendre intéressant. Je me demande comment tu fais pour supporter ton trop-plein de conneries.

– Ben tu vois, c'est facile. Je déverse. Toute la journée je déverse et les gens m'écoutent.

– Fais gaffe quand même de pas te laisser ensevelir pour nous la jouer à l'enterré vivant, comme dans la nouvelle d'Edgar.

– Edgar Faure ?

– Non, balluche ! Edgar Allan Poe, l'Américain qui a inventé le polar.

– Bon ! Et à part ça, tu manges avec nous ce midi ?

– Désolé, j'ai rendez-vous avec Cheryl. Elle est de repos aujourd'hui. On va en profiter pour rattraper le temps perdu.

– Tchao ! le Poulpe. Que Saint-Edgar te préserve !

– Salue Durutti pour moi, lança-t-il à l'adresse de Maria.
– CNT/FAI, rugit celle-ci depuis sa cuisine.
– PSG/TFC, répliqua Gabriel.
Il quitta le bistrot. Sa longue silhouette enquilla l'avenue Ledru-Rollin. Cheryl devait déjà l'attendre place Léon Blum, au métro Voltaire. Six stations plus loin, c'était Montmartre. Il avait décidé de l'emmener déjeuner chez Chartier. Petites tables en marbre à l'ancienne, nappes de papier et des repas à prix démocratique. Tout en pensant à la petite surprise qu'il allait faire à son amie, Gabriel songeait à l'article qu'il venait de lire. À cette Marie dont il ignorait tout. Elle devait avoir la peau mate comme les filles du Sud, les yeux lumineux et les cheveux noirs. Elle ne verrait plus se lever le soleil. Jamais !

3

Chaque nuit, Le Bambou fermait ses portes vers six heures du matin. Les derniers clients partis, le barman baissa la grille intérieure. Il éteignit d'un geste las la chaîne stéréo qui diffusait en sourdine cette musique sirupeuse propice aux contacts entre couples échangistes. Lorsqu'il eut achevé de disposer les chaises, retournées pieds en l'air, sur chacune des tables, il abaissa l'interrupteur général. Le noir se fit.

Seule une petite salle à l'arrière restait allumée. Une lampe, coiffée d'un abat-jour marron, éclairait la table ronde autour de laquelle quatre hommes assis, jouaient aux cartes depuis le début de la soirée. Dans un coin de la pièce, près d'un bar roulant chargé de bouteilles, une fille, poitrine nue, attendait.

À la table chacun des hommes avait disposé devant lui un tas de billets de banque dans lequel ils puisaient pour alimenter le pot, au milieu d'un tapis vert. René Blanchon venait de gagner la précédente mise avec un full aux sept par les rois et son pécule ne cessait d'augmenter. La nouvelle mise déposée, il se mit à donner les cartes. Elles tombaient mécaniquement, avec précision, devant les joueurs qui gardaient tous le silence. Le donneur affichait la cinquantaine. En dépit de la chaleur ambiante il avait conservé son élégante veste assortie d'une cravate de soie tandis que ses voisins arboraient chemise aux manches retroussées et col défait. Son visage aux traits mous n'attirait pas particulièrement l'attention mais ses yeux noirs très mobiles enregistraient méticuleusement tout ce qui se passait autour de lui. Malgré l'heure tardive, ses joues restaient glabres. Lorsqu'il eut terminé la première donne de cinq cartes, il héla la fille pour réclamer un whisky sec. Les autres entamèrent les enchères.

– Parole, lança Pierre Puech.

Hernandez tapota son paquet et jeta trois fafiots.

– J'ouvre de mille cinq cents.
– Je me couche. Et Montagagne déposa ses cartes sur le bord du tapis.

Blanchon suivit l'ouvreur et à son tour jeta ses billets. Restait Puech qui avait acquis le droit de parler le dernier. Après un regard rapide sur son jeu, il misa, puis relança de deux mille francs en poussant sept gros billets.

Hernandez et Blanchon ajustèrent leur mise et la seconde donne commença.

– Servi, dit Puech.
– Une carte, réclama Hernandez.

Blanchon s'interrogeait lorsque la fille posa devant lui un verre de whisky. Il le prit, l'approcha de ses lèvres. Un petit morceau de glace vint craquer sous ses dents. C'est sûr, pensait-il, Puech va renchérir. Devait-il suivre avec son petit jeu ou faire le mort ? Jusqu'ici, il avait toujours pu la jouer facile. Au bluff s'il ne tirait pas les bons fagots. Mais ce coup-là, le jeu s'annonçait rude.

Hernandez, qui avait tenté la séquence, abandonna. Puech gardait tête baissée, le regard fixé sur ses cartes à présent déployées dans sa main gauche. Il mordillait l'ongle de son index droit sur lequel s'étalait une tache de nicotine.

Blanchon savait que son voisin n'aurait jamais tenté le coup sans une musette bien chargée. Il se décida brusquement, écarta deux cartes pour hériter d'un neuf et d'une dame et monta de cinq mille pour voir venir son adversaire.

Puech baissa encore les yeux sur ses cartes qu'il tenait à présent des deux mains.

– Je relance de cinq mille, énonça-t-il d'une voix se voulant assurée.

Blanchon sentit le coup foireux. Son adversaire devait avoir carton plein à redémarrer généreux. Pour le faire chuter, restait l'esbroufe. Il se redressa sur son siège lentement, licha la dernière goutte du verre posé devant lui, le leva pour en réclamer un autre. Il agissait sans brusquerie, à l'économie, pour se donner le temps de réfléchir. Visage impassible, il se mit à compter un tas de billets qu'il aligna sur le tapis. Le pot dépassait à présent les trente mille francs. Puech avait perdu beaucoup depuis le début de la soirée. Il regarda encore une fois son carré de huit et hésita. L'autre chanceux devait tenir un brelan au départ et pour ainsi pousser la mise, la bonne carte lui était montée. Un carré supérieur au sien sans doute.

– Si t'as pas assez pour couvrir, je te prête, lança Blanchon.

Puech ne put en supporter davantage. Il jeta d'un geste brusque son jeu sur la table et on l'entendit à peine murmurer :

– C'est bon, ramasse. Encore une fois.

– Les gars, c'est fini pour ce soir. On s'en boit un petit pour la route et on va se faire dormir les yeux, décida Blanchon.

Il avait déjà reformé le paquet avec toutes les cartes éparpillées sur la table et raflé négligemment le pot en fourrant la pile de billets dans les poches de sa veste.

Blême, Puech restait assis, tétanisé. Blanchon se leva, lui tapa sur l'épaule.

– Faut pas t'en faire Pierrot, si t'es à court de fric, je peux te rendre ta mise.

– C'est pas ça, bafouilla Puech, mais je crois que je pouvais te battre avec mon jeu.

– Quand on est sûr, Pierre, on doit aller jusqu'au bout. Je te l'ai déjà dit. Aujourd'hui c'est le règne des gagneurs. Toi, t'y crois pas assez. Allez va, tu te referas à la prochaine.

Il s'approcha d'une démarche ample vers la fille restée figée à côté du bar roulant.

– Beauté, tu nous mets une resucette pour le voyage. Et quand je te demande un whisky sec, tu évites d'y coller de la glace. J'ai failli me couper la langue tout à l'heure.

Mutin il continua.

– Heureusement je suis dans un bon jour. Pour la peine tu rentreras avec moi. On va faire plus ample connaissance, acheva-t-il en lui pinçant le téton droit.

La fille prépara quatre verres et sortit se rhabiller. Quelques minutes plus tard, ils quittaient tous les cinq Le Bambou dans une Mercedes grise conduite par Hernandez. La voiture stoppa rue Gentil Magre où Blanchon possédait une garçonnière. Il descendit avec la fille et salua le reste des occupants d'un geste de la main. L'aube éclairait déjà les toits roses de la ville lorsqu'il ouvrit sa porte.

– Au fait, je ne sais même pas comment tu t'appelles ?
– Caroline ! Caroline Lebedel.
Il la fit entrer.
– Ce putain de poker m'a crevé. Je vais me pieuter.
– Je peux dormir à côté ? demanda timidement Caroline en désignant un petit canapé.
– Tu peux ! Pour les petits câlins on verra plus tard. Ma femme vient de se tirer deux semaines en Californie. On a le temps.
Il prépara deux whiskies.
– Allez, on boit le dernier. Demain tu viendras loger quelques jours dans ma piaule. Tiens, voilà l'adresse de la villa.

Blanchon lui tendit une carte avec un trousseau de clés, et son verre terminé, partit se coucher. Bientôt, Caroline l'entendit qui ronflait. À son tour, elle sombra dans un sommeil profond.

4

Depuis plusieurs jours Caroline Lebedel s'était installée dans la villa de Blanchon, route de Saint-Simon presque face à l'hippodrome de la Cépière. L'autobus était à deux pas et avec les bonnes clés, elle n'avait eu aucun mal à entrer. Personne ne lui avait rien demandé car la maison imposante était isolée du reste du quartier par un parc immense. La jeune femme avait entrepris, les premiers jours, de découvrir son nouvel univers, même s'il devait rester éphémère. En l'absence de Blanchon, occupé par des affaires, elle s'était fait des dînettes à la cuisine. Le frigo était bien garni ainsi que les deux congélateurs de la pièce attenante. Elle passa seule les premières nuits, puis Blanchon téléphona pour annoncer son retour le soir même. Elle paressa au lit, regarda *Les Mystères de l'Ouest* et *Les Feux de l'Amour*. Après avoir préparé le repas, elle décida l'après-midi de prendre un bain de soleil intégral sur la terrasse. Elle ne s'exposait pas aux regards indiscrets. Le mur d'enceinte et les sapins qui le bordaient étaient suffisamment élevés pour masquer toute intrusion voyeuriste. Vers quinze heures Caroline trempa un pied dans l'eau de la piscine. Un peu fraîche.

On supporterait bien le maillot, pensa-t-elle en souvenir de son père qui sortait cette blague à chaque baignade. Elle plongea. Lorsqu'elle remonta à la surface, un homme vêtu de cuir noir et portant cagoule lui faisait face. Caroline distinguait seulement ses yeux et ses lèvres. Stupéfiée, elle faillit couler. Elle n'en eut pas le temps. L'inconnu venait de lui cogner durement la tête. Sous le choc de la matraque, elle hurla avant de perdre conscience. Son corps tomba lourdement dans l'eau qui se teinta d'une mince traînée rouge.

Lorsqu'elle reprit connaissance, Caroline ressentit un violent mal de crâne. Elle s'aperçut qu'elle ne pouvait ni bouger ni parler. On l'avait assise par terre, dans la cabane à outils, au fond du parc. Ligotée, bâillonnée, elle ne pouvait rien faire sinon espérer un miracle. La nuit commençait à tomber. Elle eut l'impression que plusieurs heures venaient de s'écouler depuis la rencontre de sa tête avec la matraque. Le temps passa encore. Elle perçut soudain le bruit d'une voiture. Une porte claqua. Blanchon sans doute. Elle entendit appeler son prénom plusieurs fois avant que le silence ne revienne. La cabane, soudain, trembla, tandis qu'une énorme explosion déchirait les tympans de la jeune femme.

Pour la seconde fois, Caroline sombra dans l'inconscience. Lorsqu'elle se réveilla, elle était étendue sur un lit blanc d'hôpital. Ses jambes et ses bras pouvaient remuer librement et sa bouche, malgré ses lèvres tuméfiées, s'ouvrait et se fermait presque normalement. Seule sa tête lui faisait encore mal. Elle la toucha pour constater qu'un bandage lui entourait le sommet du crâne. Une infirmière entra dans la pièce.

– Alors, on est réveillée ? Ça va aller ? Vous vous sentez comment ?

– Surtout mal à la tête. Pour le reste j'ai l'impression d'avoir passé quinze jours à dormir dans la cabane des sept nains.

– C'est bien. Tout espoir n'est pas perdu. On va vous porter quelque chose à manger et vous vous reposerez un peu. Un inspecteur de la police doit venir bavarder avec vous.

– Mais que s'est-il passé ?
– Je n'en sais rien. C'est lui qui vous l'expliquera. Je vous laisse. On vous apporte un repas.

***

Après avoir absorbé un bouillon et une purée sans âme, Caroline s'était assoupie. Deux heures plus tard elle ouvrit les yeux. Un inconnu, assis sur l'unique chaise de la chambre, la regardait, un journal posé sur les genoux.
– Inspecteur Lebrun. Bonjour mademoiselle. J'espère que vous avez récupéré un peu car je suis venu vous poser quelques questions.
– Ça peut aller.
– Vous vous appelez bien Pierrette Lebedel ?
– Oui, mais j'ai changé mon prénom. Je me fais appeler Caroline. Ça fait vieillot Pierrette, surtout quand on travaille dans une boîte branchée.
– Le Bambou ?
– C'est ça. Depuis presque deux mois. Après cinq années de fac, c'est tout ce que j'ai pu trouver dans la région.
– Votre patron était René Blanchon ?
– Oui, mais je ne l'ai pas su de suite. C'est Maurice Montagagne, le gérant du Bambou, qui m'a embauchée. Plus tard j'ai compris qu'il travaillait pour Blanchon.
– Comment ça, vous avez compris ?
– C'était pas très compliqué. Quand Blanchon

passe à la boîte jouer au poker avec ses copains, on voit bien qui commande. Et puis c'est un fameux cavaleur. Il a dû essayer toutes ses hôtesses topless. Montagagne se contentait de leur faire passer les tests.
— Les tests ?
— Ben oui. Pour être embauchée, faut avoir belle gueule. On la voit vite. Mais faut aussi tout le reste. Et pour ça on passe un test. À poil quoi !
— Vous fréquentiez régulièrement Blanchon ?
— L'autre jour, il m'a demandé de l'accompagner rue Gentil Magre. C'était la première fois. Après je devais l'attendre dans sa villa. Il est parti quelques jours pour ses affaires.
— Vous l'avez vu dans sa villa ?
— Non. Il devait arriver en soirée. Je n'en sais pas plus.
— Qui vous a agressée ?
— J'ai rien vu, rien compris. Ça s'est passé tellement vite. Un type m'a assommée dans la piscine. Un homme, enfin je crois, car il portait une cagoule et un vêtement de cuir. Genre motard. Quand je me suis réveillée dans la cabane du jardin, je pouvais pas bouger.
— Je sais. On vous y a retrouvée évanouie.
Elle songea soudain que les flics n'avaient pas dû manquer de se rincer l'œil.
— Je me souviens d'une formidable explosion, ensuite je suis tombée dans les vapes. C'était quoi ?
L'inspecteur Lebrun se leva pour lui tendre son journal.

– Tout ce qu'on peut dire est écrit dedans. Je pensais que vous nous en apprendriez davantage mademoiselle, mais ce n'est pas le cas. Je vous remercie quand même. Si vous vous souvenez d'un détail important, téléphonez-moi à ce numéro. Comme on dit dans les romans...

Il lui tendit sa carte et quitta la chambre après lui avoir fait un imperceptible signe de tête qui se voulait amical.

Elle déplia *La Dépêche*. Une manchette s'étalait en première page : *« L'entrepreneur René Blanchon, tué par l'explosion de sa villa »*. Caroline sentit son sang-froid l'abandonner pour laisser place à un sentiment inhabituel chez elle, la peur.

5

La nouvelle de la mort de René Blanchon était arrivée jusqu'à Paris. Au Pied de Porc à la Sainte-Scolasse, Gabriel, assis à sa table préférée, épluchait *Le Parisien* du jour qui en avait fait sa dernière page. Un gros titre chapeautait une photo de la villa détruite. Suivait un récit, non signé, des événements. À vingt-et-une heures, la nuit précédente, la villa avait subitement explosé. Blanchon qui se trouvait à l'intérieur, avait suivi le mouvement. Son corps s'était éparpillé en plusieurs morceaux rendant l'identification plus laborieuse. Les habitants du quartier, alertés par cette déflagration inhabituelle, avaient aussitôt alerté la police qui était arrivée sur les lieux une demi-heure plus tard. Dans la soirée, personne n'avait rien remarqué d'anormal. L'article s'achevait sur une courte biographie de la victime. Personne ne lui connaissait d'ennemi.

Un compte rendu on ne peut plus laconique en somme mais qui provoqua cependant au Poulpe des picotements. Un signe qu'il reconnaissait entre tous depuis qu'il avait choisi d'aller fouiner aux quatre coins de France. Quand il ressentait ce signal, l'heure du départ s'annonçait proche.

D'ordinaire, il logeait dans une chambre d'hôtel. Un truc pratique pour vivre anonyme. Ni téléphone, ni banque, ni impôts. Il n'était fiché nulle part. À chacun de ses départs, il résiliait sa chambre et transportait ses quelques affaires dans le grenier de l'appartement de Cheryl, rue Popincourt. Sac au dos, coiffé de sa casquette de combat, muni de plusieurs faux papiers, il était paré pour partir à la seconde n'importe où sans jamais oublier d'emporter un peu de lecture. Depuis plusieurs semaines il avait attaqué l'intégrale du romancier américain Jim Thompson. Ces récits noirs, souvent glauques, écrits depuis plus de trente ans, lui apparaissaient d'une actualité brûlante et universelle. En les lisant, Gabriel avait l'impression de retrouver certaines situations vécues lors de ses pérégrinations.

Sa lecture finie, il s'approcha du comptoir pour commander à Gérard un petit noir. Le temps n'était pas clément. Une légère bruine venait agacer les vitres du bistrot, créant une buée à l'intérieur.

– Cette fois, mon vieux Poulpe, j'ai bien l'impression que tu es, comme qui dirait, sur le départ.

– T'es un finaud Gérard. T'es un finaud et tu veux toujours en savoir plus que les autres.

– Si demain matin, je te vois pas, t'occupe, j'aurais compris.

– Motus, Gérard. Parfois t'es plus chiant que Claudel avec son *Soulier de satin*. Encore qu'on l'a échappé belle, il nous a pas fait le coup avec la paire complète. Heureusement.

– Te fâche pas, Gabriel, ce que j'en disais…

– Je sais. Faut toujours que tu parles même si t'as rien à dire. Depuis le temps qu'on se connaît, mon pote, tu pourrais être plus discret, c'est tout. Bon, je me casse. À plus !

Gabriel fit une retraite discrète, en oubliant de hurler, à l'intention de Maria, ses habituels slogans à la gloire de Buenaventura Durruti.

***

En début d'après-midi il se retrouva assis dans l'Airbus d'Air Inter qui s'envolait vers Toulouse. Il n'avait eu aucun mal à obtenir une place. Depuis que des transporteurs privés sévissaient sur les lignes françaises les plus fréquentées, une partie de la clientèle du service public s'était évaporée. Pour casser les prix, ces concurrents offraient à leurs clients le repas, et même le champagne. Gabriel se dit que bientôt, pour gagner de nouvelles parts de marché, ils n'hésiteraient pas à accorder l'hôtesse en guise de dessert. Et pour satisfaire toutes les demandes, seraient-ils obligés, sans aucun doute, de prolonger la durée du vol. Ou d'augmenter le recrutement ?

Il pensa à son Polikarpov, ce drôle de petit avion à hélice qui avait fait la guerre avec les Républicains contre Franco et que le mécano Raymond remettait à neuf dans un hangar de l'aérodrome de Moisselles. Petit à petit. C'est-à-dire chaque fois que Gabriel pouvait dégotter de la thune pour payer les pièces et la main-d'œuvre qui coûtaient bonbon. Pourtant il ne savait pas piloter et n'aurait sans doute jamais son brevet. Adolescent, avec quelques copains de classe, comme lui fanas d'aviation, il s'était pointé un samedi matin à la maison des examens et avait obtenu le BESA (brevet sportif des sports aériens). L'examen était nécessaire pour faire du vol à voile. Il s'aperçut alors que ça coûtait très cher et qu'on ne faisait pas de remise aux orphelins. Les choses en étaient restées là. À présent sa passion revivait grâce à ce mythique Polikarpov.

Lorsque l'Airbus fut en altitude, il feuilleta le journal qu'il avait pioché sur la tablette, à l'entrée de l'appareil. Une nouvelle mouture de l'article consacré à la mort de Blanchon ne lui apprit rien de plus. Les quotidiens parisiens avaient tous dû reprendre la même dépêche d'agence.

Quand l'avion se posa sur le tarmac de l'aéroport de Toulouse-Blagnac, il était encore plongé dans *Ici et maintenant*, le premier bouquin publié par Jim Thompson en 1942, quand celui-ci grattait dans une boîte d'aviation de San Diego en Californie.

« Pourquoi les choses sont-elles ainsi ? Pas pour Roberta, pas pour moi, mais pour nous tous. Pourquoi Karl Marx ? Et qu'est-ce que tu vas faire pour que ça change ? Pas dans vingt ans, quand un fléau gagnera tout le pays et que les frères s'entre-tueront. Pas à ce moment-là, quand il sera trop tard, mais maintenant ! Et toi, Mon Dieu ? Qu'est-ce que tu as à offrir ? De la musique céleste ? Un coin de paradis ? Oui, et ici-bas, alors... ? Ici et maintenant ? »

Il se leva après avoir remis le livre dans son sac à dos et resta pensif. Ce sacré Thompson savait dire les choses. Depuis plus de cinquante ans qu'il avait écrit ce texte, elles ne s'étaient pas tellement améliorées, les choses.

***

Gabriel ne connaissait rien de la ville dans laquelle il venait d'arriver. Il ne savait pas davantage comment orienter ses recherches. Sa seule piste se résumait à l'adresse de Paco

Escobar dénichée grâce au Minitel. L'air était doux, le ciel limpide. Il méprisa le bus qui reliait la ville à l'aéroport et lui préféra un taxi. Un quart d'heure plus tard, le chauffeur le déposa à Saint-Cyprien – *Saint-Cypre*, comme disaient encore les anciens – l'un des plus vieux faubourgs populaires de la ville, côté rive gauche de la Garonne. Dans chaque rue, la maison basse, de plain-pied – la Toulousaine – y côtoie volontiers l'immeuble à deux ou trois étages. Parfois, une tour de logements en béton a réussi à s'imposer. L'ensemble constitue un mélange disparate de tailles, de styles et de couleurs. Dans ce sympathique fouillis, seule la brique rose reflète un semblant d'unité.

Après avoir marché quelques minutes, il se retrouva devant le numéro 5 de la rue Varsovie. Une maison basse avec deux fenêtres. Il sonna. Un grand zigue lui ouvrit. Cheveux bruns, mal rasé, habillé d'un jean et d'un pull-over, il ne faisait pas trente ans.

Gabriel sortit une carte de presse et la lui montra en souriant.

– André Chenier, de *L'Événement*. Je cherche Paco Escobar.

– Vous n'êtes pas le seul. Il a disparu depuis quelques jours. Personne ne sait où il est. Même pas moi qui habite avec lui.

– Vous devez bien avoir votre petite idée quand même. C'est important pour moi de le rencontrer. Je suis venu de Paris exprès.

– Non, je déconne pas. Je sais rien de rien.

Depuis la mort de sa copine, je l'ai pas revu.
— Et si vous me parliez de lui ? J'aurai pas fait le voyage pour rien.
— Si vous voulez, encore que. Ça va pas vous servir à grand-chose. Où voulez-vous qu'on discute ? Ici ou dans un troquet ?
— Un troquet. C'est moi qui paie.
— On y va. Le temps de prendre mon blouson.

***

Quelques rues plus loin, ils s'installèrent à une table de La Torpille, un petit rade du quartier qui avait gardé sa personnalité des années d'antan. Ni lumières tapageuses, ni clinquant.
— Je ne me suis même pas présenté. Pascal Destains. Je bosse dans une radio toulousaine.
— On se tutoie ?
— Comme tu veux. Entre collègues…
Le patron déposa deux demis de Jupiler sur la table. Les deux hommes trinquèrent.
— Tu fais quoi dans cette radio ?
— C'est un petit truc, une radio syndicale. Je m'occupe de l'animation et un peu des infos.
— Super, tu dois savoir pas mal de choses qui m'intéressent.
— Je croyais que c'était Paco qui t'intéressait ?
— Entre autres. Mais la mort de Blanchon me travaille aussi. Deux morts violentes à quelques jours d'intervalle dans le même bled, c'est quand même troublant.

– Blanchon était un affairiste, un type plus ou moins clair. Quelqu'un a voulu lui faire la peau. Tandis que Marie…

Ils finirent leurs verres et commandèrent une nouvelle tournée.

– Bon, si on parlait de Paco.

– On s'est rencontrés depuis presque deux ans. Une copine qui nous connaissait tous les deux nous a présentés. L'appart était trop cher pour moi et Paco cherchait une piaule. Il est venu habiter chez moi.

– Il bossait ?

– Des petits boulots, souvent au noir. C'est pas le pied ici. On a beaucoup de chômage. Un jour il a trouvé une place de gardien de nuit dans un hôtel, dans un quartier chaud. Il s'est fait virer deux mois plus tard. Il avait laissé monter une pute avec un mec qui voulait tirer son coup vite fait. Il a empoché le prix de la chambre et refait le lit après leur départ. Le lendemain, le patron a pigé le truc et l'a largué.

– Et Marie, il la connaissait depuis longtemps ?

– Sept, huit mois. Il est rentré un soir, il n'a pas pu s'empêcher de m'en parler. Il était fou de joie. Cette fois Pascal, il m'a dit, je crois que je viens de décrocher le gros lot. Une meuf super. Il avait raison. Jolie, pas bêcheuse et poilante en plus. Elle s'intéressait à des tas de choses. Depuis qu'il la voyait, Paco avait vachement changé.

— Comment ça vachement changé ?

— Il essayait de lire des bouquins. Il allait à des réunions politiques mais le plus fort je crois, c'est quand il s'est inscrit à l'AFPA pour une formation en informatique. Il était vachement fier. Il lui restait encore trois semaines de stage et il voulait se mettre à son compte.

— Il avait du pognon ?

— Pas lerche justement, et pourtant il me l'a répété la veille du concert. Il pensait toucher une somme importante pour démarrer son affaire. Mais je n'en sais pas plus.

— Et à ton avis, où est-il passé ? Il se cache ou on l'a enlevé ?

— Vraiment je ne le sais pas, mais je commence à me faire du mouron.

Une vieille femme entra quémandant une petite pièce. Gabriel lui donna un billet et le reste de son paquet de clopes. Le jour commençait à baisser mais la soirée restait douce. Il proposa à Pascal de rester dans le quartier pour dîner et se décidèrent pour une bavette à l'échalote.

— Et ce Blanchon, tu sais quoi sur lui ?

— Un peu plus que ce qu'en dit la presse, mais finalement pas grand-chose. Un fort en gueule qui s'est bien démerdé. Avant, il y a longtemps, je sais qu'il grattait à Aérojet. C'est la grosse usine du coin. Un jour, il s'est retrouvé patron du Bambou, une boîte de nuit, mais il avait d'autres trucs. Si ça t'intéresse, je peux trouver quelqu'un qui en saura davantage.

— Bien sûr ça m'intéresse. Mais pour ce soir, ce qui m'intéresserait, c'est l'adresse d'un hôtel sympa pour pieuter.

— Pas de problème, je t'invite à la maison. La chambre de Paco est libre.

Lorsqu'ils sortirent du restaurant, la rue Réclusane était presque déserte. Ils passèrent devant un bar illuminé d'où s'échappait bruyamment un refrain populaire mexicain.

Si Adelita se fuera con otro
La seguiría por tierra y por mar
Si por mar en un buque de guerra
Si por tierra en un tren militar[1]

— C'est Félix la Putaragne, un groupe toulousain qui joue souvent dans le coin.

— Drôle de blaze la Putaragne. Ça veut dire quoi ?

Pascal désigna du doigt une affichette collée par les quatre coins sur la vitrine du bistrot. Au milieu on y voyait le sigle du groupe de Félix. Un accordéon de forme bizarre qui ressemblait à l'abdomen d'une araignée, avec de chaque côté, quatre pattes acérées.

— C'est un mot d'ici. On appelle l'araignée une tataragne. Putaragne vient de là. J'ai vérifié, c'est pas encore dans le dico.

---

(1) Si Adelita partait avec un autre
 Je la suivrais sur terre et sur mer
 Sur la mer dans un bateau de guerre
 Sur la terre dans un train militaire

Ils poursuivirent vers le pont Saint-Pierre. On distinguait plus bas, sur les rives de la Garonne, quelques pêcheurs qui pliaient les gaules.

– Le français parlé à Toulouse est souvent savoureux. Dommage qu'on ne le pratique plus beaucoup. Ces dernières années, la ville a beaucoup changé. Plus de la moitié de ses habitants viennent d'autres régions. Et ça continue. Rares sont les Toulousains de souche. Il y a quinze ans tu aurais dit, «l'eau de Garonne est mâchée et quelques pescofis agranent avec des poignées de ruches et des roujanes», la plupart auraient compris. Aujourd'hui personne n'y biterait rien.

– Donne-moi quand même la traduction.

– L'eau est trouble et quelques pêcheurs amorcent avec des poignées d'asticots et des vers de terre.

Sans se hâter, ils rebroussèrent chemin en direction de l'appartement rue Varsovie où Gabriel déposa ses maigres bagages. Le téléphone se mit à sonner. Pascal décrocha.

– ...

– C'est moi. Salut.

– ...

– Non rien de particulier. Je discute avec un copain.

– ...

– Ça me paraît faisable. Vers une heure ? O.K. Peut-être à tout à l'heure.

Il raccrocha tandis que Gabriel achevait de se confectionner une roulée de Old Holborn.

— Si tu es en forme, je te propose une balade nocturne et pour finir une séance à l'Opus.
— C'est quoi ?
— Une boîte d'enfer ouverte toute la nuit. On y trouvera une copine qui bosse à *La Dépêche*. Si quelqu'un connaît le dossier Blanchon, c'est bien elle.

6

Rue Victor, comme tous les soirs, Le Bambou était resté ouvert. Malgré la mort de Blanchon. Comme disait l'autre, quelles que soient les circonstances, le spectacle continue. Curieusement, la disparition brutale de son actionnaire principal avait provoqué pour la boîte une publicité inespérée. Les habitués étaient venus en masse, rejoints par de nombreux curieux, toujours avides de sensationnel. Dans la salle, les hôtesses ne savaient plus où donner du sein nu.

Isolés dans une autre pièce, autour d'une table supportant verres et bouteilles, les rares fidèles du défunt, Puech, Montagagne et Francis Ordioni tenaient conseil. Hernandez devait s'occuper des formalités de l'enterrement. Entier ou en pièces détachées, un mort restait un mort. À présent la réunion tournait plutôt au conseil de guerre.

— D'où peut venir le coup, lâcha Montagagne, je me le demande. On n'a pourtant jamais emmerdé personne.

— Va savoir, répondit Puech. Moi j'ai toujours pensé qu'André brassait trop de trucs. Avec son côté autoritaire, il a dû tomber sur un bec qui a pas voulu lui faire de cadeau. Où était-il passé ces derniers jours ? Je voudrais bien le savoir.

— Il s'est cassé pour affaires, mais comme d'habitude, il ne m'a rien dit, précisa Ordioni qui paraissait visiblement affecté. Pourtant depuis le temps qu'on se connaissait. Mais il était comme ça. Il te confiait ce qu'il voulait bien et pour le reste, fallait deviner.

Montagagne vida son verre qu'il s'empressa aussitôt de remplir d'un coup automatique du poignet.

— Et le Bambou, ça devient quoi ?

— Y'a rien de changé, mon pote. La femme d'André était actionnaire avec nous. Elle aura un plus gros paquet de parts, c'est tout.

— Oui mais elle va être vachement majoritaire à présent. Si elle veut bazarder l'affaire et partir en croisière, à la limite elle peut.

— Tu oublies que j'aurais mon mot à dire. J'ai quand même mis un gros morceau dans l'affaire. Et puis Lucie, je la connais bien...

L'homme s'était redressé sur son siège. Son visage hâlé surmonté de cheveux taillés en brosse dégageait une puissante énergie. Le mec à qui on ne la fait pas.

— Non, elle nous fera jamais un truc comme ça Lucie, ou je m'appelle plus Ordioni. Ça je te garantis. Comme elle rentre demain, on y verra plus clair à ce moment-là. Pas la peine de se farcir la tête pour que dalle. C'est plus important de faire gaffe à nous. Les mecs qui ont fait sauter André pourraient bien nous chercher des poux aussi et comme on sait pas d'où vient le coup...

Il se retourna pour taper amicalement sur l'épaule d'un quatrième individu, Claude Gallice, qui en retrait derrière lui, ne participait pas à la conversation.

— Heureusement avec lui, je crains rien. Il veille jour et nuit. Vous devriez faire comme moi. On ne sait jamais. Surtout le soir.

— Pourquoi on me voudrait du mal, je suis qu'un syndicaliste, blêmit Puech, j'ai jamais trempé dans vos combines moi.

— Les mecs sont pas obligés de le savoir.

Montagagne tenta de détendre l'atmosphère.

— Te fais pas du souci Pierre, les mecs vont pas remettre ça. Peut-être y se sont gourés de cible. Pourquoi ils auraient pas fait péter la boîte alors ? Si vraiment ils en avaient après nous. Faut rester décontractés. Ce qui m'inquiète plus c'est la fille qui s'est barrée avec André. Elle sait peut-être quelque chose d'important sur nos affaires qu'elle risque de répéter. Il est con aussi cet André d'amener des nanas chez lui dès que sa femme lève le pied.

— Du respect, collègue, du respect pour le mort, énonça sentencieusement Ordioni, mais pour la fille, t'as pas tort. Elle est où ?

— À Purpan.

— Faut lui faire passer le message. Si elle veut continuer à bosser dans la boîte, elle a intérêt à tenir sa langue. Et même à nous prévenir si quelqu'un voulait la faire parler. J'ai horreur des fouineurs.

— Je m'en charge, assura Montagagne, hochant la tête d'un air entendu.

7

Après avoir traversé à pied la moitié de la ville, Pascal et Gabriel se retrouvèrent à Jean Jaurès à proximité de l'Opus. L'entrée ne payait guère de mine. Pourtant une partie du gratin toulousain s'y retrouvait régulièrement pour terminer la nuit. Pascal sonna. Un homme entrebâilla la porte, le reconnut, lui serra la main. Ils entrèrent. La salle du bar du rez-de-chaussée était étroite, toute en longueur. Il fallait se faufiler habilement entre les danseurs et les consommateurs pour en atteindre l'escalier du fond.

— Tu vas voir, en haut, c'est encore mieux.

À l'étage, le second bar faisait plus intime. La pièce était carrée, tapissée de tableaux noirs.

— Sur les murs, c'est pour écrire toutes les conneries que tu veux. Tu demandes une craie au barman, et hop !

À l'extrémité du comptoir de bois massif, Gabriel dénicha un espace et fit signe à son compagnon de s'approcher.

— Qu'est-ce que je t'offre ?

– Non, cette fois c'est moi. Je vais te faire goûter une spécialité de la maison.

Une chaîne stéréo diffusait à fond la caisse la bande originale de *Pulp Fiction*, le film de Tarentino. Quelques personnes réussissaient à se trémousser en cadence.

– On va se prendre des cucarachas. Tu vas me goûter ça !

– Moi je suis plutôt abonné bière. L'alcool je supporte mal. C'est pas ma religion.

– T'inquiète pas. C'est un truc à base de crème de café avec seulement un soupçon de tequila. Et la tequila, c'est du cactus, c'est naturel, ça peut pas te faire de mal. Tu vas voir, regarde.

Le barman avait déjà saisi une bouteille sans étiquette pour remplir deux petits verres. Il leur donna à chacun une paille et se mit à chauffer le dessus du liquide avec un chalumeau à gaz. La tequila s'enflamma.

– C'est maintenant qu'il te faut boire, avec la paille et d'un coup. Fais gaffe à tes moustaches.

– J'en ai pas.

– Justement, fais gaffe quand même.

Gabriel aspira, fit cul sec.

– Ça arrache un peu, si tu veux mon avis. Il doit y avoir quand même un gros soupçon d'alcool là-dedans.

– Mais non, c'est juste un peu de tequila. Tiens voilà Mimi !

Pascal agita haut son bras pour manifester sa présence à la jeune femme brune qui venait d'entrer dans la salle. Lorsqu'elle eut réussi à les rejoindre, il l'embrassa sur la joue et compléta les présentations.

– Michèle Casanueva qui travaille à notre grand quotidien local et André Chenier, de *L'Événement*. Tu sais Mimi, il veut tout savoir sur Blanchon.

– Ça tombe bien, j'ai lu le dossier cet après-midi. Mais on en parlera plus tard. Ce soir j'ai besoin de détente.

Gabriel examina discrètement la jeune femme. On ne pouvait pas dire qu'elle était jolie, mais elle dégageait un charme fou. Même avec le peu d'alcool qu'il avait bu depuis son arrivée, le Poulpe se sentait légèrement euphorique. Il écarta Cheryl de ses pensées et se sentit soudain envahi de tendresse pour Mimi.

– N'ayez crainte. On ne va pas parler de ça maintenant. Promis, ce soir c'est détente. Au fait, comment dois-je vous appeler ? Michèle ou Mimi ?

– Mimi, c'est pour les intimes... Alors va pour Mimi.

Elle lui cligna de l'œil.

– Si vous voulez, je vous laisse, lança Pascal.

– Tu déconnes, on est venus pour rigoler. Allez viens, on va danser.

Elle les prit chacun par la main pour les entraîner à sa suite dans un espace libre où ils purent se trémousser sur un rythme de bamba. Gabriel sentait régulièrement les cuisses et le corps de sa partenaire s'agiter contre lui.

Il n'y avait pas de doute, l'affaire Blanchon s'annonçait chaude. Au bout de quelques heures, ils avaient encore liquidé pas mal de bières en alternance avec des cucarachas. Il va être temps de partir, avant d'être complètement faits, songea Gabriel. Un mec qui l'était déjà venait d'inscrire sur le tableau noir en grosses lettres malhabiles «j'aime me fère sucé».

Gabriel voulant finir en beauté, lui arracha la craie et se mit à écrire à son tour. «Le charme est une manière de s'entendre répondre oui sans avoir posé une question claire.» Mimi l'avait suivi.

– C'est un message chiffré ?
– Pas spécialement. Mais plus subtil que ça.
Il désigna l'inscription voisine.
– Tous les mecs aiment ça, mais c'est pas une raison pour l'écrire sur tous les toits.
– Voire ! En attendant ça te dirait de me raccompagner chez moi ?
– Je vais pas laisser Pascal en plan.
– Tu rigoles. Il est grand ce petit. Il va pas se perdre en route. Hein, Pascal ?

L'intéressé se marra un coup et leur proposa un dernier verre. La tournure prise par la soirée ne l'étonnait guère. Mimi n'avait pas pour habitude de masquer ses sentiments. Quand un homme lui plaisait, elle se chargeait de le lui faire savoir. Un de ses anciens amants d'origine espagnole ne l'avait-il pas surnommée *Labios de terciopelo*[1] ?

---

(1) Lèvres de velours.

Une heure plus tard, Gabriel se retrouvait dans le lit de Mimi. Sachons rester simple, avait-elle simplement dit, en lui tendant du caoutchouc moderne.

***

Gabriel ouvrit les yeux le premier. Il buvait uniquement de la bière et avait failli à sa règle. Résultat, sa tête lui paraissait aussi lourde qu'une enclume. Mimi dormait encore. Il sentait sa nudité toute chaude à côté de lui. Il lui sourit avec tendresse lorsqu'elle se réveilla, lui caressa la chevelure avant d'embrasser ses lèvres.

— Tu n'as pas honte, le monde se fait sans toi ?

Elle éclata de rire.

— Pourquoi tu ris ?

— Je pensais à un autre truc. J'avais une vieille amie très âgée…

— On peut être vieille amie tout en étant jeune.

— Non, non, celle-ci ne l'était pas. Elle me racontait qu'elle avait toujours des blocages au pieu avec les mecs. Je n'aime pas ce qu'ils me demandent, disait-elle, et ça la bloquait. Heureusement c'est pas mon cas.

Il se mit à rire à son tour.

— Pourquoi tu ris ?

— J'imagine ta copine avec un mec levant le doigt, madame s'il vous plaît, une petite gâterie, vite fait, pour la route. C'est sûr, ça doit pas être très libérateur pour la libido.

– Qu'est-ce que t'es con, toi.

Elle éclata de rire.

– Si on se levait, monsieur le con charmeur ?

Elle écarta des mains qui se voulaient baladeuses et sauta hors du lit pour courir sous la douche. Un peu plus tard pendant qu'ils déjeunaient, Gabriel orienta la discussion sur l'affaire Blanchon.

– Ce type était diversement apprécié. Certains ne juraient que par lui, d'autres le haïssaient. C'est toujours comme ça avec les mecs qui pratiquent le clientélisme. Un mode de vie traditionnel ici, aussi vieux que le roi Cezet, comme on dit chez nous. À tel point qu'on l'avait surnommé Toco-Manetos. Le type qui serre les mains.

– On m'a raconté qu'il avait bossé en usine.

– C'est vrai. Il a dû commencer à travailler là-bas mais je ne sais pas en quelle année. Pascal pourrait te le dire. Il connaît des militants CGT d'Aérojet. Les pièces de mon dossier sont plus récentes, Le Bambou et Restoplus.

– C'est quoi ?

– Le Bambou se veut boîte branchée avec serveuses seins nus et quelques soirées spéciales couples échangistes, chaque mois. En fait assez banal. Je préfère cent fois aller à l'Opus.

– Et Restoplus ?

— C'est une entreprise de restauration qui vend des repas aux collectivités. Un truc qui se fait beaucoup aujourd'hui. Blanchon a monté cette boîte il y a dix ans au moins, mais il n'est pas le seul investisseur. Actuellement le directeur est un certain Ordioni. Si tu veux, tout à l'heure au boulot, je te ferai quelques photocopies du dossier. Je passerai te les déposer chez Pascal.

— O.K. Ça serait sympa aussi que tu m'accompagnes à une des soirées du Bambou. On verrait peut-être les choses de plus près.

— Quand tu veux, où tu veux, mais ne le répète pas à ma mère. Elle croit que je suis journaliste dans un grand quotidien. Pas fouineuse !

Gabriel déposa un baiser sur les lèvres de Mimi avant de la quitter pour retrouver l'appartement de Pascal, rue Varsovie.

Le temps était toujours aussi doux que la veille.

Il acheta un journal. Devant lui, plusieurs personnes attendaient de faire valider leurs bulletins pour le tirage du Loto. En désordre, quelques affichettes proclamaient qu'ici, on avait plusieurs fois enregistré des billets gagnants. Une photo en apportait la preuve. On y voyait le patron en compagnie d'un Maghrébin qui avait touché la grosse somme. En montrant le gagnant du doigt, Gabriel lâcha.

— Ça a sûrement fait plaisir aux fachos du Front national.

Son voisin immédiat, en train de gratter un jeu de Morpion, releva la tête, dépité.
– C'est pas à moi que ça arriverait !

***

Au premier coup de sonnette, Pascal vint lui ouvrir, l'air goguenard.
– Je ne te demande pas si la nuit était bonne.
– Je n'ai donc pas à te répondre.
Pascal lui tendit une clé. C'était son côté pratique. Ainsi Gabriel pourrait utiliser l'appartement même durant l'absence de son propriétaire.
Gabriel avait besoin de rencontrer des syndicalistes de chez Aérojet. Pascal avait un contact avec les cégétistes. Il n'eut aucune difficulté à arranger un rendez-vous.

***

Gabriel avait besoin de récupérer. Il s'allongea pour une courte sieste mais sombra immédiatement. Lorsqu'il se réveilla Pascal possédait déjà quelques informations intéressantes.
– Le mec du syndicat te rencontrera demain à dix heures. Je t'y amènerai. Mais il y a plus important. Mimi vient de téléphoner. Elle a appris par les flics qu'une nana se trouvait dans la maison de Blanchon au moment de l'explosion. La fille se trouve actuellement à Purpan. C'est un hôpital juste à côté. Elle a peut-être vu quelque chose. Attends, j'ai marqué son nom

sur un papier, Caroline Lebedel.

– Tu parles qu'ils doivent la couver à cette heure. Enfin on peut toujours essayer. Tu as le téléphone ?

Pascal chercha dans l'annuaire, composa un numéro et passa le combiné à Gabriel.

– Hôpital Purpan, j'écoute…

– Bonjour madame, j'aurais voulu des nouvelles de Caroline Lebedel. Je suis son cousin.

– On ne donne pas ce genre de renseignement par téléphone.

– Je sais bien, mais je suis très inquiet vous savez. Elle a été victime d'une explosion. C'était dans le journal d'hier.

– Oui, oui, j'ai vu aussi, mais je n'ai rien le droit de dire.

– Passez-moi au moins sa chambre.

– Ça je peux, ne quittez pas.

Le silence s'établit soudain sur la ligne, puis quelqu'un décrocha.

– Allô, j'écoute.

– Allô, Caroline Lebedel ?

– C'est moi. Qui est à l'appareil ?

– On ne se connaît pas. Mais j'enquête sur la mort de Blanchon et j'aurais bien aimé en parler avec vous.

– J'ai déjà dit tout ce que je savais à votre collègue inspecteur hier matin.

– Justement je ne suis pas de la police.

– Vous êtes quoi alors ?

– Un enquêteur un peu spécial. Je suis journaliste.

— Je n'ai rien à dire. Je ne sais rien.

Gabriel fit signe à Pascal de lui allumer une clope. Il en tira une goulée.

— Si vous ne savez rien, alors qu'est-ce que vous avez pu dire à la police ?

La voix lasse, Caroline lâcha enfin.

— Passez si ça vous chante. Chambre 304, pavillon B. Mais je vous aurai prévenu. Méfiez-vous, l'endroit est gardé.

Il reposa le combiné sur son socle.

— La fille doit être surveillée. Ça va pas être coton pour arriver à la joindre.

Pascal eut un sourire mystérieux.

— Alors on va sortir le grand jeu. Te casse pas, j'ai de la ressource. Dans cette ville je connais du monde.

Il s'approcha du téléphone, mais n'eut pas le temps de s'en saisir. Son fax s'était mis à cracher une feuille, puis une autre.

8

Mimi avait tenu sa promesse. La première page reprenait une photocopie d'un article du jour qui n'apportait aucun élément nouveau :

VILLA PIÉGÉE, TOUJOURS L'IMPASSE

« Depuis l'attentat de la villa de René Blanchon qui a coûté la vie à cet entrepreneur bien connu dans notre région (voir notre édition de mardi), les enquêteurs ont pu déterminer la

nature de l'explosif. Il s'agirait d'une bombe assez grossière, de fabrication artisanale, mais particulièrement efficace. "Aucun autre indice n'a été relevé ce qui, comme nous l'a précisé l'inspecteur chargé de l'enquête, ne permet pas de privilégier une piste plutôt qu'une autre. Nous attendons le retour de madame Lucie Blanchon, qui se trouvait aux États-Unis au moment du drame. Elle nous fournira peut-être un élément susceptible d'orienter nos recherches dans la bonne direction".»

Gabriel jeta un regard rapide sur ce texte d'une affligeante banalité. Il s'empara de la seconde page, une biographie de la victime, qui semblait nettement plus intéressante. On y lisait que René Blanchon était né le 17 décembre 1940 dans une famille de vignerons de l'Aude, à Rieux-Minervois. Il avait terminé ses études secondaires au Caousou, un lycée catholique toulousain pour s'engager en 1958 dans l'armée de l'air, puis rejoindre son corps d'élite nouvellement créé, les Bérets Noirs, avant d'être démobilisé en 1962.
– Je vais étudier ça dans la chambre.
– O.K., et moi je m'occupe de l'hôpital.

***

« Embauché chez Aérojet en 1962, René Blanchon ne tarde pas à faire valoir ses qualités humaines et sociales en animant le syndicat autonome de l'entreprise. Il en devient l'un des

dirigeants les plus en vue, avant d'être élu, en 1972, secrétaire général du comité d'entreprise. Il y sera régulièrement réélu jusqu'en 1982, date à laquelle il quitte Aérojet pour s'investir dans d'autres activités. Connu pour son opiniâtreté à œuvrer en faveur de la libre entreprise, il ouvre la même année à Toulouse, l'établissement Le Bambou, qui devient rapidement un lieu de divertissement parmi les plus prisés de la ville. En 1985, il crée Restoplus, une entreprise de restauration collective qui ne cesse de se développer, générant de nombreux emplois dans notre région Midi-Pyrénées. Marié à Lucie de Saint-Estèphe en 1970. Sans enfant. »

L'employé à la communication qui avait écrit ce panégyrique connaissait son boulot. À moins que Blanchon lui-même ne se soit mis au turbin pour chanter ses propres louanges. Aujourd'hui les adeptes de l'économie de marché savaient tous afficher le langage du cœur et du dévouement pour s'adresser au menu peuple. Pourtant quand on leur enlevait leur beau costume et leur maquillage de télévision, ça reniflait plutôt l'œuf pourri. En reposant la page, Gabriel se sentit à nouveau tout excité.

Dix minutes plus tard, il était assis dans la vieille deuche de Pascal, en route vers Purpan, le plus important équipement hospitalier de la ville, avec plusieurs milliers de salariés, avait précisé son nouvel acolyte.

— J'ai pu joindre une copine. Elle t'a fait le plan de l'hôpital et préparé une surprise. Tu verras, tu pourras te balader tranquille.

Une jeune infirmière les attendait sur l'un des parkings de l'hôpital. Avant de disparaître rapidement, elle tendit à Pascal une feuille et un paquet entouré de papier kraft. Il le déplia.

— C'est une blouse d'infirmier. Avec ça ni vu ni connu.

Gabriel sourit et entreprit de revêtir l'uniforme blanc. Vu sa grande taille et ses bras immenses, ça le serrait un peu aux jointures.

— C'est le plus grand modèle. On n'a pas eu le temps de le faire sur mesures, blagua Pascal.

Il désigna une ouverture entre deux haies de sapinettes.

— Tu rentres par là et tu suis le plan. Moi je bouge pas. Je t'attends ici.

— Ça ne sera pas très long, je pense.

— Prends ton temps, j'ai un polar à finir.

Il agita sous son nez un livre à couverture noire, *Adelante los muertos*[1] de Fred Vargas, un ouvrage publié par l'éditeur argentin Vivian Amigo.

— J'adore lire l'espagnol et je trouve que ce Sud-Américain écrit vachement bien. En plus, le sujet est de saison.

Gabriel avait déjà disparu. Mémorisant à toute allure le plan qui lui avait été remis, il marchait à présent dans une des allées bitumées

---

(1) Debout les morts.

à l'intérieur de l'hôpital. On se serait cru dans le quartier d'une petite ville, avec ses rues, ses intersections, ses sens interdits et ses panneaux de stationnement. Dans les contre-allées, des dizaines de véhicules stationnaient, avec, comme toujours, des places réservées et nominatives. Pour ces éminents professeurs qui officiaient quelques heures par semaine avant de vite repartir vers leur clientèle privée.

Il distingua enfin le bâtiment dans lequel devait être hospitalisée Caroline et pénétra dans le hall. Jusque-là tout avait été facile. Restait à présent à trouver la chambre. Il grimpa les escaliers pour atteindre le troisième étage et enquilla un couloir. La 304 ne devait pas être loin. Il passa devant une pièce aux baies vitrées à l'intérieur de laquelle plusieurs infirmières bavardaient. À l'autre bout du couloir, une femme poussait un chariot chargé d'ustensiles divers. Elle venait de s'arrêter devant une porte et de frapper. Il entrevit aussi à une dizaine de mètres, un homme à face simiesque, assoupi sur une chaise.

Chambre 304. Il frappa et entrebâilla la porte. Le lit était refait de neuf et la pièce vide.

– Vous cherchez quelque chose ?

Le gros bovin ne dormait plus à présent mais se tenait derrière lui, l'air menaçant.

– J'ai dû me tromper de chambre.

Le mec le poussa à l'intérieur et referma la porte.

– Z'avez pas l'air très au courant pour un infirmier. Et puis on vous habille mal ici.

Regardez-moi ça. Ou alors votre truc a rétréci au lavage.

Le gros se mit à tirer sur la manche de la blouse qui avait craqué au niveau des aisselles.

– J'ai l'impression que vous êtes un petit curieux et j'aime pas les curieux.

Gabriel l'éloigna légèrement.

– Qu'est-ce qui vous prend ? Vous rigolez ou quoi ? Je me suis trompé d'étage. Je suis nouveau ici.

– Bien, bien, alors on va voir avec vos collègues. Venez avec moi.

Gabriel décida de passer à l'offensive. Repoussant le ventru, il lui balança un taquet en pleine tronche. L'autre vacilla, mais ne plia pas. À son tour, il se mit à jouer des poings. Son premier coup frappa le vide. Gabriel avait baissé la tête. Son second toucha l'estomac. Gabriel recula sous le choc en gémissant. Il souffla avant de se redresser et, avec son allonge, put placer un direct à la pointe du menton de son adversaire. Instinctivement l'autre avait levé les bras pour se protéger, et découvert son plexus. Gabriel n'attendit pas pour lui enfoncer sa gauche jusqu'à la garde dans la cage thoracique. Les yeux du gros firent tilt, ses membres retombèrent et il s'écroula sur le carrelage de la chambre. Le match était terminé. Gabriel entreprit de traîner le corps inanimé sous le lit pour le rendre invisible depuis l'entrée. Entrouvrant la porte de la 304, il sortit silencieusement. Une infirmière passait. Il l'arrêta.

– Je cherche la chambre de Caroline Lebedel.

– On l'a mise à la 306. Elle se plaignait de la télé.

– Merci.

Il frappa à la porte voisine. Cette fois le lit était occupé. La fille lui sourit.

– Vous ne savez pas quand est-ce que je vais sortir ?

– Non. Je ne sais pas.

Il enleva sa blouse qui avait souffert dans la bagarre et la roula en boule.

– Je ne suis pas infirmier. C'est moi qui vous ai téléphoné…

– Ah, c'est vous. Je pensais pas vous voir. Le patron du Bambou a envoyé un de ses videurs pour me garder, et on m'a fait changer de chambre.

– J'ai peu de temps mademoiselle. Que pouvez-vous me dire ?

– Je ne sais rien. Même si je savais, j'ai pas envie de perdre ma place. Ils m'ont menacée, vous savez. Je ne dois parler à personne.

– Et vous avez confiance dans ces types-là !

– Non pas trop, mais faut bien vivre. J'ai assez galéré comme ça. Pour une fois que j'ai un boulot, j'y tiens.

– Vous y tenez. Je comprends, mais ils vous largueront comme une vieille chaussette s'ils n'ont plus besoin de vous.

Caroline resta silencieuse un instant, semblant réfléchir, avant de reprendre.

– Non, non, c'est trop risqué. Je ne sais rien et j'ai la trouille.

– T'as bien fait de garder ta langue. Le patron aurait pas apprécié.

Sous la pression du gros ventru, la porte venait de s'ouvrir brutalement. Il portait des traces visibles du pugilat. Gabriel n'hésita pas et fonça tête en avant dans le gras du bide. Sous le choc, l'autre s'effondra dans le couloir. Étourdi, et toujours accroupi, l'homme tentait de saisir une arme dissimulée dans un holster, sous sa veste.

À présent le chariot poussé par la femme se trouvait tout à côté. On pouvait y voir dessus une grosse bouteille d'alcool à 90°. Gabriel n'attendit pas et s'empara du flacon, qu'il fracassa sur le crâne du gros. Il alluma alors son zippo.

– Maintenant joli cœur, tu vas me donner ton arme sinon je t'enseigne la recette du gros porc flambé à l'ancienne.

Il n'avait pas appris grand-chose mais il riait encore lorsqu'il rejoignit Pascal sur le parking.

9

Après l'expédition de Purpan, les deux hommes étaient rentrés rue Varsovie pour passer une soirée au calme. Pendant le repas, ils s'étaient quand même tapé deux bouteilles de vin de Fronton. Enfin, surtout Pascal. Il avait une bonne descente. Gabriel, allergique au jus de la treille, était resté sobre. Ordinairement il ne consommait que de la bière et ne tenait pas à renouveler sa triste expérience de la veille avec les cucarachas.

***

Le maigre crachin apparu vers le milieu de la nuit, s'était arrêté au petit matin. Prudent, Gabriel décida quand même de coiffer sa casquette de combat pour sortir. Il devait rencontrer les syndicalistes avec qui Pascal lui avait arrangé le coup.

Pascal le déposa avec sa deuche à proximité d'Aérojet. Il finit le reste du trajet à pied. Un mur d'enceinte, surmonté de trois rangées de fils barbelés, ceinturait ce complexe industriel où chaque jour plus de six mille salariés venaient jouer le Tarzan de la pointeuse. Sur le mur, pendaient des restes d'affiches lacérées, seuls vestiges d'une campagne électorale déjà oubliée. Une inscription à la peinture blanche, plus récente, s'étalait, en lettres énormes :

CSG = ENCULÉS

Dérisoire slogan à l'emporte-pièce que n'aurait cependant pas désavoué la clientèle de la Sainte-Scolasse.

Un type mince, portant fines lunettes, paraissant rasé de frais, se tenait à proximité de l'entrée, devant un immense parking saturé de voitures. Il attendait dans une combinaison bleue impeccable, fermeture éclair remontée jusqu'au cou. Sur le vêtement, on pouvait lire en gros caractères blancs la raison sociale de l'établissement. Si c'est le vétéran syndical qui doit me piloter, pensa Gabriel, ils les font jeunes cette année. Le gus ne devait pas être plus âgé que lui. Il s'avança, main tendue.

– André Chenier, le journaliste de *L'Événement*.

– Philippe Bonnefous, délégué CGT.

L'homme avait le visage ouvert et volontaire. Le genre de mec qui ne se laisse pas marcher sur les pieds par un vulgaire chefaillon...

– Super ta tenue, lança Gabriel

– Ouais, t'as vu ça ? Maintenant les tôliers nous prennent pour des joueurs de foot.

– C'est les gonzes de Gévéor et Kiravi qui doivent être contents. Ils peuvent plus aller au foot en tenue de boulot. La pub est interdite sur les stades.

Ils rigolèrent un coup. Bonnefous lui tendit un badge sous plastique.

– Ton laissez-passer pour la journée. Je me suis démerdé avec un gardien. Accroche-le à ta veste !

Gabriel s'exécuta avant de suivre son guide. Ils franchirent la barrière d'entrée. Elle faisait face à une bâtisse vitrée de toutes parts qui abritait le gardiennage.

– Ils doivent être au chaud l'hiver, lança Gabriel.

— Tu sais, il suffit qu'ils restent devant les écrans pour savoir ce qui se passe dans la boîte. Y'a des caméras partout. Pire que le plan Vigipirate.

Aérojet se composait de plusieurs zones auxquelles on accédait à travers un réseau de routes goudronnées. Ils marchaient à présent en direction d'un petit bâtiment.

— Là-bas au fond, ces grands hangars que tu vois, servent à la réparation des avions. Ils peuvent y rester quelques jours ou plusieurs semaines. Ça dépend des heures de vol. En face, c'est l'atelier pour les petites pièces. C'est là qu'on va.

Ils arrivèrent dans une immense salle, sombre et haute de plafond. Même en plein jour, des rangées de néons restaient allumées. Des établis de bois occupaient le sol en doubles rangées de six. Devant la plupart des postes de travail, des ouvriers en bleu, semblaient absorbés par leur travail.

— Ici c'est le coin des rouges. Le tôlier a trouvé le joint. Il nous a parqués tous ensemble pour pas contaminer les autres.

— Et c'est efficace ce cordon sanitaire ?

— Ça pose pas mal de problèmes pour avoir des délégués dans les autres coins. Mais on se débrouille.

Gabriel suivait Philippe entre les établis. Celui-ci serrait la main à chaque ouvrier tout en le présentant sans s'étendre. Un copain, disait-il.

— Avant on était deux par établi. T'avais toujours au moins un gars pour causer. À présent, t'as qu'à voir. Y remplacent pas ceux qui partent et faut que ça marche comme avant.

Ils arrivèrent au dernier établi. Un vieux mec à la bouille rieuse leur serra la main, puis gardant celle de Gabriel dans la sienne, la plaqua brusquement sur son entrejambe. Plein sexe.

— Je te présente Popaul, membre de la famille, rigola-t-il avant de le relâcher.

— Pierrot t'es con, s'esclaffa Philippe qui, en récupérant dans un tiroir un paquet de tracts imprimés, se tourna vers Gabriel.

— Te formalise pas, il fait toujours le coup aux nouveaux. On l'a surnommé le Pierrot à longue queue, une spécialité locale.

— Au moins avec lui on entre directement dans le vif du sujet.

Ils sortirent de l'atelier et continuèrent vers le bâtiment qui abritait le local du syndicat où Gérard et Jean-Pierre, deux autres délégués, les attendaient. La pièce était étroite. On ne pouvait guère s'y tenir à plus d'une dizaine. Les murs grisâtres n'avaient pas dû voir les poils d'un pinceau depuis les grèves de 1968. Punaisées çà et là, quelques affiches aux slogans incantatoires complétaient le décor. Un mobilier déclassé, sans personnalité, côtoyait une machine IBM à boule. Seul, un petit ordinateur et son imprimante indiquaient qu'on était entré dans l'ère de l'informatique. Lorsqu'ils furent tous assis, Philippe prit la parole.

– On a un peu discuté entre nous après le coup de fil de Pascal et on fera tout pour t'aider. Mais on voudrait bien savoir ce que tu cherches.

Gabriel évoqua le meurtre de Blanchon et son désir d'approfondir cette affaire.

– En clair, je veux connaître ce que cachait Blanchon. Qui était-il vraiment ?

– Un bel enculé, éclata Jean-Pierre.

– On est trop jeunes pour tout savoir sur lui, reprit Philippe. On est rentrés en 75. Mais ce soir je t'amènerai chez un vieux copain qui l'a connu à ses débuts. Moi je peux te raconter comment il s'est fait virer de la boîte sans indemnités ni préavis.

– Ça m'intéresse.

– L'histoire remonte loin. Au début des années soixante-dix. On était encore apprentis quand Blanchon, un autonome, a été élu secrétaire du comité d'entreprise. La direction avait tout fait pour magouiller les élections.

– C'était qui avant lui ?

– Un mec de chez nous soutenu par une intersyndicale plus ou moins bancale. Mais le patron a bien joué le coup. Il donnait aux autonomes toutes les informations. On avait toujours un métro de retard et ils apparaissaient comme un syndicat vachement efficace. Avec des mecs qui s'occupaient des petits problèmes de chacun. Nous, on passait surtout notre temps à se chamailler avec les autres syndicats. On avait un peu délaissé le terrain et les besoins des gars. Il a suffi alors au patron d'augmenter le nombre d'élus chez les cadres, de réduire celui des ouvriers et on l'a eu dans le cul.

Un type entra et déposa plusieurs banderoles dans le local. Pour la manif de demain, indiqua-t-il avant de repartir. Philippe reprit.

– On va pas rentrer dans les détails. Mais dès que Blanchon a été élu, il a fait le ménage chez les employés du CE. Il voulait virer tous les CGT. On a aussi l'exemple d'une nana venue pour une embauche. Elle est sortie de son bureau en gueulant qu'elle se laisserait pas baiser.

– Jusque-là ça reste bien banal. Le droit de cuissage n'a pas disparu avec le Moyen Âge, dit Gabriel. Parle-moi plutôt de son licenciement.

– On avait mis en place une commission intersyndicale qui accordait des prêts ou des secours aux employés. Un an après sa prise de pouvoir, Blanchon a supprimé la commission. Il s'est acoquiné avec le chef du service social de la boîte, un cadre supérieur. À partir de là, seuls ces deux mecs décidaient d'accorder des prêts ou des secours. En toute confidentialité disaient-ils. C'est-à-dire que personne n'était plus au courant de rien. Un jour, un pote à nous a reçu un secours alors qu'il avait rien demandé. Une erreur d'homonymie. Ici t'as parfois cinq ou six mecs qui s'appellent pareil. Du coup on a porté le pet. Une enquête a été ouverte. Même la direction n'en revenait pas.

En quelques années, Blanchon et son acolyte avaient dilapidé plusieurs centaines de millions de façon inexplicable. Et surtout, on n'a jamais su à qui ils avaient donné de l'argent. Ils ont affirmé avoir agi en toute bonne foi. D'ailleurs le nom des bénéficiaires était inscrit dans un livre noir, ont-ils dit. On pouvait vérifier, si on voulait. Sauf qu'on n'a jamais retrouvé ce fameux livre noir. Et les seuls mecs dont on a pu avoir l'identité, ils étaient morts depuis longtemps.

– Des prête-noms qui servaient à Blanchon pour arrondir sa pelote, dit Gérard. L'affaire était trop grosse pour l'étouffer. La direction a viré son cadre et Blanchon par la même occasion. N'empêche qu'aujourd'hui encore c'est un autre autonome, André Puech, qui lui a succédé. Un pote à lui d'ailleurs. Blanchon avait dû arroser pas mal de mecs même s'il a gardé une grosse part du magot.

On entendit une sirène. Les gars se levèrent.

– C'est l'heure de la bouffe. Tu viens avec nous ? Je t'invite.

Gabriel se laissa faire et suivit ses nouveaux compagnons. La cantine se trouvait à l'extérieur de l'entreprise, dans une rue voisine de la sortie. Il fallait parcourir plusieurs centaines de mètres avant d'y arriver. Non loin de là, on distinguait l'enseigne d'un bar. Chez René.

– Tu vois le troquet là-bas, son ancien propriétaire s'appelait Blanchon. Il l'a vendu après avoir été lourdé. Incroyable non ?

Ils entrèrent dans la salle. Des plats variés s'étalaient tout au long des rampes du libre-service. Ils allèrent s'asseoir à une table, dans le carré réservé aux fumeurs. Gabriel avait voulu à tout prix payer son pot. Le choix de ses hôtes s'était porté sur une bouteille de Blanquette de Limoux, un vin mousseux produit dans l'Aude, très prisé en fin de repas. Ils l'ouvrirent au dessert et trinquèrent. Le Poulpe évoqua la fameuse formule. Dans les conseils d'administration on se grise au champagne tandis que les prolos, eux, se saoulent la gueule au mousseux. Philippe pouffa.

– La Blanquette ça me rappelle une histoire. Encore une connerie du Jeannot à longue queue que t'as vu tout à l'heure. C'était y'a longtemps. On mangeait encore par tables de huit, les mêmes mecs, toute l'année servis par des femmes. Un jour de Blanquette, Jeannot qui avait pas pu baiser une des serveuses, a discrètement trempé sa queue dans un verre, sous la table. Il a tendu le godet à la fille pour le lui offrir. Elle a fait cul sec devant nous avant de reprendre son boulot. Et l'autre con de conclure, t'as pas voulu la sucer, au moins tu l'as bue. À l'époque, j'étais tout jeunot. J'en revenais pas.

Gabriel ne rigola pas, resta grave, tendu.

– Ton mec est vraiment un symbole du machisme implanté en terre ouvrière.

– C'était y'a longtemps.

– Aucune différence avec les conseils d'administration.

– C'était y'a longtemps, j'te dis.
– Tu es sûr que ça a beaucoup changé ?
– Un peu quand même. Le féminisme nous a tous sacrément secoué les plumes, non ?

10

Paco Escobar se terrait depuis quelques jours car il avait peur. Il s'était réfugié chez un ami qui avait bien voulu l'héberger. L'homme était membre de Farem tot Petar, un groupuscule anarchiste né en 1975, au plus fort des manifestations contre l'implantation d'installations militaires sur les terrains du Larzac. Depuis qu'il avait trouvé cet asile, Paco ne sortait plus. Il passait ses journées à lire le journal, écouter de la musique, cloper et dormir. Un après-midi, il se décida enfin à appeler Pascal.
– C'est Paco.
– ...
– Je peux pas te dire encore. J'ai un peu la trouille, mais ça va.
– ...
– Non, non, t'inquiète pas. Je te fais signe bientôt.

Le dialogue avait été bref, mais il voulait rassurer son copain. Il devait encore attendre avant d'aller le voir.

Une heure plus tard, Gabriel qui revenait d'Aérojet, fut surpris d'apprendre que Paco avait téléphoné. Il n'en montra rien pour ne pas inquiéter son hôte et décida qu'il avait trop négligé cette piste. Il ressortit presque aussitôt pour se rendre à la mairie de la ville. Une carte d'identité de Paco traînait dans la chambre. Il l'emporta avec lui. Quinze minutes plus tard, il se retrouvait place du Capitole et accédait au service de l'état civil. Il y avait peu de monde bien qu'il restât encore du temps avant la fermeture du bureau. Il s'approcha d'une employée qui semblait disponible et lui tendit la carte d'identité.

– J'aurais voulu un extrait de naissance, s'il vous plaît.

– Oui, monsieur, tout de suite.

La femme jeta un rapide coup d'œil sur son interlocuteur, puis sur la carte sans paraître surprise que la photo ne soit pas très ressemblante. Elle s'approcha d'une armoire pour en extraire un gros classeur relié marqué 1970, qu'elle rapporta sur son bureau. Elle le feuilleta avant de s'arrêter à une page, prit un imprimé qu'elle commença à remplir. Quelques minutes plus tard, elle se leva pour sortir du bureau. Lorsqu'elle revint se rasseoir, il sembla à Gabriel qu'elle écrivait au ralenti. Il bouillait d'impatience, mais s'efforça de garder son calme. À présent, la femme avait fini de remplir son imprimé.

– Une seconde. Je vais chercher les tampons.

Elle sortit de nouveau. Cette fois Gabriel n'hésita pas. Franchissant le comptoir d'un bond, il récupéra l'imprimé et la carte avant de refaire le trajet inverse et de quitter la salle en courant. Revenu place du Capitole, il entra dans le premier café venu et commanda un demi. Quelques secondes plus tard, il vit s'arrêter devant l'entrée de la mairie une voiture de police d'où sortirent trois hommes. Une fois encore, son instinct ne l'avait pas trompé. L'employée avait prévenu les flics parce qu'elle avait lu le nom de Paco Escobar. La piste n'était donc pas si mauvaise.

Un grand Black vint proposer aux consommateurs des tambours africains et des montres. Il se fit jeter dehors par un des serveurs. Gabriel décida de ne pas faire de vieux os dans un café raciste. Il ne goûta même pas sa bière et sortit au grand air pour lire l'extrait de l'état civil. Si Paco était né de père inconnu, le nom de sa mère, Maria Escobar, y figurait en toutes lettres, ainsi que sa profession. Il n'aurait pas besoin de courir trop loin pour la retrouver. Elle était agent de service à l'hôpital Varsovie.

11

Sa lecture achevée, Gabriel se rappela soudain que Bonnefous lui avait donné rendez-vous chez un ancien d'Aérojet. Les choses allaient si vite qu'il avait failli oublier. Il voulait aussi faire une petite visite cette nuit au Bambou. Il lui fallait téléphoner à Mimi pour savoir si elle pourrait l'accompagner. La voiture de police qui stationnait devant la mairie venait de disparaître, aussi rapidement qu'elle était arrivée. La voie à nouveau libre, il se fit indiquer une cabine automatique. Il y en avait plusieurs dans le square de Gaulle qui jouxtait le Capitole. L'une d'elles était disponible. Gabriel s'en approcha et inséra sa télécarte. Mimi répondit à la seconde sonnerie. Il plaqua l'écouteur contre son oreille pour mieux l'entendre. Le bruit des voitures qui passaient rue Lafayette couvrait presque sa voix.

– O.K. Vingt-deux heures chez toi. J'y serai.

Il appela ensuite Pascal pour le prévenir qu'il risquait de ne pas rentrer cette nuit. Il lui communiqua le nom de Maria Escobar en lui demandant de commencer ses recherches.

L'occupation de la cabine n'avait duré que quelques minutes, un mec se mit pourtant à frapper de petits coups dans la vitre en désignant sa montre. Gabriel libéra la place sans oublier de lui adresser un superbe bras d'honneur assorti d'une réplique cinglante.

– Au lieu de faire chier mec, t'as qu'à te payer un portable. C'est le symbole de la France au travail !

Bougonnant, le Poulpe traversa le square. Sa colère ne dura guère et il prit le parti d'en rire. Les maniaco-dépressifs de la communication urgente et de l'heure à la seconde près n'allaient pas lui bouffer son oxygène.

Sur les bancs alentour, des dizaines de Toulousains prenaient l'air et profitaient des derniers brins du soleil qui avaient succédé à la pluie du matin. Ceux-là ne s'emmerdaient pas avec un téléphone. Certains stationnaient le temps de fumer une cigarette. D'autres, retraités ou sans boulot, venaient sans doute tuer pendant quelques heures leur oisiveté. Tous les jours. Pour se sentir moins seuls, pensa-t-il.

***

L'appartement était petit mais coquet. L'homme les fit asseoir dans le salon avant de leur proposer à boire. Philippe opta pour un pastis. Gabriel poursuivit à la bière. Le vieux militant s'était assis à son tour. Bourrant une pipe, il l'alluma, en tira une bouffée avant de s'éclaircir la voix.

– Blanchon, je l'ai bien connu, comme a dû te le dire Philippe. Il est rentré en 1962 chez Aérojet, comme grouillot dans un bureau. Il revenait de l'armée. Quelques mois plus tard, il est venu me voir. Il voulait faire partie du bureau du syndicat. Rien que ça. Il manquait pas d'air le pinson. Faut faire tes preuves, j'y ai dit. On n'est pas élu comme ça chez nous. Pas comme maintenant où on prend n'importe qui.

– Arrête Raymond, tu vas encore dire n'importe quoi, l'interrompit Philippe.

– Non, je sais ce que je dis. On voit ce que ça donne. Tu files des responsabilités à des jeunots. Ils ont même pas le temps de venir aux réunions le soir. Tous des militants de baloche ces gonzes.

— Tu te trompes d'époque, Raymond. Je te l'ai déjà dit, mais tu veux pas l'admettre. Il faut changer. On doit changer.

Gabriel écoutait les deux hommes tout en jetant un œil intéressé dans la pièce. Une bibliothèque en aggloméré plaqué façon chêne, supportait cinq grands volumes rouges, *Grande histoire de la Commune* de Georges Soria. Du même auteur, il distingua cinq autres gros ouvrages à la couverture blanche, *Guerre et révolution en Espagne*. Il aperçut aussi, noyé parmi d'autres bouquins, *Fils du peuple* signé de Maurice Thorez, pour qui le romancier Jean Fréville avait joué le nègre. Visiblement, Raymond faisait partie de cette génération de militants qui avaient avalé des couleuvres presque toute leur vie et aujourd'hui encore, refusaient de l'admettre. La nature a toujours eu horreur du vide.

— Et si on reparlait de Blanchon ? proposa Gabriel.

— Tu as raison, nos petites querelles on les réglera entre nous.

Raymond poursuivit.

— Comme je lui refusais la carte, Blanchon a adhéré aux autonomes. Ils l'ont mis dans la commission cantine du CE. Un jour on a découvert qu'il magouillait avec le gérant. C'était au début des années soixante. On n'y connaissait pas grand-chose à la gestion. La plupart des gérants nous entubaient dans les grandes largeurs. Blanchon, lui, s'était bien démerdé. Il avait imposé un fournisseur de pinard et sur chaque quart vendu, il touchait cinq ou dix centimes de ristourne. Je me rappelle plus très bien, mais avec deux ou trois mille bouteilles chaque jour, ça représentait une belle somme à la fin du mois. Bien sûr, il faisait moitié moitié avec le gérant, mais il lui restait quand même un bon paquet. Il a dû y avoir d'autres coups de ce genre. Tu peux pas imaginer à l'époque les pots de vin qu'on pouvait se faire dans les cantines.

– Ça existe toujours ces trafics ?

– Je suis plus dans le coup mais ça m'étonnerait que les choses aient beaucoup changé. Les pratiques ont dû évoluer, se faire plus subtiles car les militants sont moins naïfs. Ils ont des moyens de contrôle. Quand tu vois ce qui se passe avec les partis politiques, les fausses factures et tous les truands qu'on a au pouvoir, on peut pas dire que la situation se soit tellement arrangée.

Le vieux tassa le tabac de sa pipe avant de reprendre.

– Je me rappelle aussi un autre truc. Blanchon s'est vite retrouvé à travailler au service du personnel. Son chef était un ancien pied-noir qui pouvait pas nous saquer. C'est lui qui l'a poussé à aller chez les autonomes, pour nous faire la peau. Tu parles, c'est stratégique un service du personnel. Si tu veux, tu peux tout savoir sur chaque mec. Tu peux faire embaucher qui tu veux.

Philippe hocha la tête de façon affirmative et se permit une diversion.

– Ils ont refusé d'embaucher mon fils comme O.S. Il avait trop de diplômes ont-ils prétexté. Tu parles, il a le BEPC !

– Avec tout ce que vous me racontez, y'a un truc que je comprends pas. Comment se fait-il que Blanchon ait pu continuer si longtemps à truander ?

– Quand on tombe sur une magouille c'est souvent par hasard. On n'a pas toujours des preuves flagrantes. On règle le coup sans faire de vague car même si t'es pas mouillé, ça éclabousse tout le monde des trucs pareils. Les gars ont tendance à nous mettre tous dans le même sac. Ça porte tort au syndicalisme en général. On préfère éviter. Tu sais, la plupart des gars se disent, si ils se disputent tant pour avoir le fromage, c'est qu'il y a des choses à croquer. C'est pareil au niveau politique.

Le vieux connaissait son monde, même s'il était resté figé sur certains clichés de son époque. Ils étaient assis depuis plus d'une heure, et Gabriel n'avait pas vu les aiguilles tourner. Il s'agita un peu sur son siège pour détendre ses longs membres et entreprit de se confectionner une roulée. Raymond en profita pour ramener une seconde tournée.

– Avant qu'on parte, raconte-lui le coup du bistrot Chez René.

Le vieux aurait bien passé la nuit à évoquer ses souvenirs. Il ne se fit pas prier.

— Là encore, ce sont des rumeurs. On n'a jamais rien pu prouver mais c'est sûr que le Blanchon il nous l'a mis profond. Après avoir été élu secrétaire du CE, il a acheté un bistrot voisin de la boîte. On l'a su par une serveuse qui le connaissait. Le bistrot faisait restaurant tous les midis, et toujours plein. Ça changeait un peu les mecs de la cantoche. Alors si tu additionnes un et un, tu comprends vite qu'une partie des denrées pour la cantine n'arrivait pas jusque-là. Elle s'arrêtait en route. Sur plus de quatre mille repas, quelques rosbifs de plus ou de moins, ça se voit pas des masses.

Gabriel sentait que la conversation ne lui apprendrait pas grand-chose de plus précis. L'image qu'il se faisait à présent de Blanchon était claire. Un arriviste, un magouilleur, un truand qui avait commencé petit en abusant ses potes de boulot. Il n'en était certainement pas resté là et avait dû étendre sa sphère d'influence dans d'autres secteurs. Là où sévissaient d'autres truands moins conciliants que Raymond et ses copains.

Et ces gagneurs-là ne l'avaient pas loupé.

12

Il sonna chez Mimi avec deux minutes d'avance. Elle était déjà prête car elle souhaitait profiter au maximum de cette rencontre avec les échangistes du Bambou. Gabriel embrassa tendrement sa bouche, vierge de toute trace de rouge à lèvres. Mimi n'était pas une adepte du maquillage. Elle se savait séduisante sans poudre, ni rimmel et entendait rester la plus naturelle possible. Seul brin de fantaisie, des robes collantes de couleur vive. On ne devinait pas ses formes, elles sautaient aux yeux au premier regard.

Il la serra doucement entre ses grands bras, l'y garda quelques dizaines de secondes, sans bouger. Son corps dégageait une chaude douceur. Lorsqu'il relâcha son étreinte, il se permit un sifflement moqueur et singea d'une voix de fausset une vieille publicité.

– Monsieur, accepteriez vous d'échanger Mimi contre deux autres femmes ? Ah, non alors ! Mimi y'en a pas deux comme ça !

Elle sourit, avant de lui adresser une grimace.

– La visite de ce soir m'excite un peu, avoua-t-elle. Je vais découvrir un monde que je ne connais pas et j'aimerais bien comprendre comment ces couples fonctionnent. Comme journaliste, mais aussi comme femme.

– Alors compte pas sur moi pour t'expliquer. Je sais même pas s'ils voudront te répondre.

– Nous verrons bien. Ça dépendra de l'ambiance. Je marche souvent au feeling.

Une pluie fine, à nouveau, tombait sur la ville. Mimi décida de prendre sa voiture. On trouvait toujours un endroit pour se garer dans ce coin-là. Durant le trajet, il l'informa brièvement de sa visite à l'hôpital.

— On va peut-être se fourrer dans la gueule du loup. Si on tombe sur un coup tordu, tu te sauves vite fait sans t'occuper de moi. Tu me promets !
— Promis !

**

Blanchon avait été incinéré dans l'après-midi mais Le Bambou lui survivait. Il était déjà ouvert depuis une heure et la salle affichait presque complet. Mimi à son bras, Gabriel n'avait eu aucune difficulté à entrer. Les soirs réservés à l'échangisme, le portier, un gros balèze, restait strict. Un mec qui se pointait seul était refoulé. Impitoyablement. La boîte ne faisait pas encore soirée triolet. Le solitaire devrait monter ses gammes ailleurs.

Gabriel et Mimi se calèrent sur une banquette encore libre, un peu à l'écart. L'éclairage, discrètement tamisé, les protégeait des regards indiscrets. Un autre couple, visiblement mal assorti, s'installa bientôt à côté d'eux. Le type avait du mal à s'asseoir.

— J'ai l'impression qu'il s'est ramassé une bonne musette, émit Gabriel.

— Il a dû commencer sa nuit. Il tient à peine debout.

Ils les regardèrent tout en restant discrets. Ignorants des rites initiatiques en vigueur parmi cette secte du sexe, ils ne souhaitaient pas qu'une attention trop soutenue de leur part soit interprétée comme une invitation à des épanchements plus directs.

Une serveuse topless s'approcha pour prendre les commandes. Elle n'eut aucun problème avec Gabriel et Mimi. Les choses se gâtèrent un peu avec l'autre couple. L'homme, déjà bien imbibé, voulait à tout prix toucher la poitrine de la fille. Sa compagne tenta de le raisonner. La serveuse repartit, en colère.

L'inconnu tenait une belle muflée qui rendait son débit hésitant. Son amie semblait lui faire des remontrances. Brutalement, il se mit à crier.

– Je vais te dire moi, je suis pas bourré. J'ai seulement bu deux ou trois verres. Je suis pas bourré. Moi je suis un homme libre. Toi t'as des principes. Tu organises ta vie avec des principes.

Quelques têtes dans la salle se retournèrent pour repérer le perturbateur. L'atmosphère devait rester paisible pour lier connaissance et favoriser les contacts très spéciaux.

Il hoqueta, couvrant presque la musique.

– Moi je suis libre, mais si jamais tu me trompes, je suis capable de tuer…

La fille hocha la tête.

– Pour te tromper, faudrait déjà qu'on soit amants.

– Moi je fais vachement bien l'amour, répliqua son compagnon.

– Ça c'est pas toi qui peux le dire. Moi non plus d'ailleurs. Et pour cause !

Gabriel et Mimi ne perdaient pas une miette du dialogue et se regardaient en coin, visiblement amusés. La serveuse revint, déposa devant eux une bière et un whisky. Le mec bourré, cette fois s'était relevé. La main sur l'entrejambe, il apostropha bruyamment la fille.

– Et les canards chez vous, y z'ont des becs comme ça ?

Il tenta à nouveau de lui mettre la main au panier. Cette fois la serveuse gueula, le repoussa vers sa chaise. Le poivrot s'écroula, entraînant la table de Gabriel et de Mimi. L'esclandre avait attiré un videur de l'établissement et alors que Gabriel levait sa grande carcasse pour épousseter sa veste, maculée de bière et d'alcool, il reconnut le petit gros cartonné à l'hôpital. Le ventru, qui ne l'avait pas oublié non plus, délaissa vite l'ivrogne intempestif. Il se retourna pour affronter celui qui, la veille, avait failli faire flamber sa grosse tête de veau. Et à l'ancienne, en plus !

– Mon pote, comme on se retrouve.

Gabriel eut juste le temps de pousser Mimi en dehors du rayon d'action du ventru qui prenait ses marques. La jeune femme comprit qu'elle devait s'esquiver comme elle en avait fait la promesse. L'espace n'était pas large et les coups portaient mal. Gabriel en encaissa et en donna. Il aurait peut-être pu s'en tirer si un deuxième énergumène, encore plus ventru que le premier, n'avait fait son apparition. Celui-là tenait à la main une bombe à gaz d'autodéfense.

Il lui en projeta une giclée au visage. Le Poulpe, soudainement aveuglé, se mit à tousser. Il ne savait plus où il était. Les autres eurent beau jeu de le mettre au tapis à coups de battes de base-ball.

13

Lorsque Gabriel avait téléphoné, Pascal préparait sa prochaine émission de radio consacrée à Louis Armstrong. Il s'était fendu d'enregistrements rares des années vingt avec Sidney Bechet et Clarence Williams. Juste avant le premier Hot Five. Un moment encore, il peaufina ses commentaires et termina son conducteur. Mais il n'arrivait plus à se concentrer. Cette Maria Escobar ne cessait de l'intriguer. Paco ne lui avait jamais parlé de sa mère. Il ignorait même qu'elle fut encore vivante. Et en plus, elle travaillait à quelques mètres de là, dans la même rue, à l'hôpital Varsovie. Il décida d'aller y voir de plus près. À cette heure, les consultations étaient terminées, mais il put trouver une personne à l'accueil sur le point de partir.

– Savez-vous si Maria Escobar est de service ?

La femme qui rangeait son sac derrière le guichet le regarda, aussi surprise que si elle avait trouvé une araignée dans son potage. Elle se reprit.

— Elle est à la retraite depuis longtemps, monsieur. Elle nous a quittés depuis cinq ans au moins, ou six. Je ne sais plus. Le temps passe si vite.

Pascal, à son tour la regarda comme s'il goûtait pour la première fois à la cuisine anglaise. Vu son âge, Maria avait mis au monde Paco à plus de quarante ans. Cela relevait presque du miracle.

— Excusez-moi. Je la croyais plus jeune. Vous n'avez pas son adresse ?

— Essayez la maison de retraite, juste derrière chez nous. Je crois qu'elle y est rentrée il y a un an ou deux.

Elle fit un geste vague de la main pour désigner les murs ocre d'un bâtiment de trois étages qu'on distinguait derrière les vitres.

— Mais à cette heure-ci, vous n'aurez pas grand monde. Attendez plutôt demain.

***

Lorsqu'il reprit conscience, Gabriel se retrouva étendu sur un lit, unique meuble de la petite pièce où il était enfermé. Il faisait sombre. Seul un soupirail laissait filtrer quelques rais de lumière. Il tâta son crâne. Les videurs ne l'avaient pas épargné. Ses côtes aussi lui faisaient mal. Ils avaient dû taper avec des grosses godasses. Ses yeux restaient douloureux, mais il avait recouvré la vue. Il resta longtemps immobile dans le silence et la pénombre. En regardant sa montre, il se rendit compte que le jour était levé depuis bien longtemps. La porte s'ouvrit soudain.

— Alors fouineur, on est réveillé ?

Le ventru venait d'entrer, goguenard, une matraque en caoutchouc à la main. Un autre homme l'accompagnait, qu'il ne connaissait pas. Le patron sans doute ? Visage hâlé, cheveux en brosse, il faisait tout de même plus distingué que son larbin.

— Vous allez nous dire ce que vous cherchez.

Sa voix aussi distillait l'énergie, même si le gros avait de l'organe.

— Nous n'aimons pas les curieux, surtout lorsqu'ils s'intéressent à nos affaires. Que cherchez-vous monsieur Chenier ? Et d'abord qui êtes-vous ? J'ai téléphoné à votre journal. On ne connaît pas de monsieur Chenier à *L'Événement*. Hein ?

— Pas étonnant, je suis pigiste, rétorqua Gabriel. Y peuvent pas connaître tous les pigistes.

— Admettons. Que cherchez-vous ? Jo vous a trouvé dans la chambre d'une de nos employées. Hier soir, comme par hasard, il vous retrouve dans la boîte où travaille cette employée.

— C'est pourtant simple. J'ai le béguin de cette fille. Elle vous plaît pas à vous ?

— Y se fout de nous, patron. Laissez-moi lui attendrir les omoplates, vous allez voir qu'il va parler.

— Je vous le répète. J'ai croisé cette fille une fois et depuis je l'aime. Comme elle me repousse, je m'incruste.

— Jo, vas-y, cogne-le.

Le ventru n'attendait que ça. Il en salivait d'avance. L'abruti devait prendre son pied avec la souffrance des autres. Le genre de sadique qui, enfant, arrache les ailes des mouches et taille les moustaches des chats. Saisissant sa matraque, le gros la recourba et commença à frapper Gabriel qui encaissait sans se plaindre, protégeant sa figure de ses immenses bras. Au bout d'un quart d'heure la situation n'avait pas évolué d'un pouce. Le ventru commençait à se fatiguer de frapper et Gabriel n'avait pas ouvert la bouche.

— Laisse tomber Jo. On reviendra tout à l'heure avec Tito. Demande-lui de se procurer une dynamo portable. Ça me rappellera le bon temps avec les bougnoules qu'on passait à la gégène.

Gabriel se retrouva seul. Malgré son piteux état, il lui fallait trouver rapidement un moyen de sortir de cette pièce, sinon il y laisserait sa peau. Il s'avança en titubant jusqu'au soupirail. Monta sur le lit pour atteindre les vitres. À l'extérieur, trois gros barreaux effaçaient tout espoir de sortie.

Il regarda vers la porte. Elle restait sa seule issue. Il revint vers le lit. Lacéra la paillasse pour atteindre la bourre et en faire un gros tas qu'il mélangea avec des morceaux de tissu en déchirant la housse. Pour s'armer, il se saisit d'une des barres transversales du lit. Avec un bon morceau de ferraille entre les mains, le plus doux des hommes se sent prêt à tout affronter pour sauver sa peau. Ses préparatifs achevés, Gabriel alluma la bourre avec son zippo. Le tas s'embrasa, répandant une épaisse fumée dans la pièce et à travers les interstices de l'entrée.

Mouchoir plaqué contre la bouche et les narines, il se mit à taper à coups redoublés contre la porte. Une voix répondit en gueulant.

– C'est quoi ce bordel encore ?

Lorsqu'il entendit la clé tourner dans la clenche, Gabriel s'arc-bouta pour être prêt à l'assaut. En ouvrant la porte, le ventru n'eut pas le temps de comprendre. La barre le cueillit à la face. Il s'écroula sur place, la bouche ensanglantée. Son dentiste n'allait pas se plaindre.

Enjambant le corps, Gabriel grimpa à toute allure un escalier pour déboucher dans un hall dont il franchit la porte d'entrée. Elle donnait sur un parc. Au loin, il aperçut un grand bâtiment rectangulaire en préfabriqué. D'immenses lettres vertes s'étalaient sur un côté. Restoplus. Il n'eut pas le temps de s'attarder davantage pour contempler le paysage. Une voiture venait de stopper non loin de là. Un type descendit. Tito, pensa-t-il.

Traversant le parc au pas de course il atteignit la grille d'entrée. On ne pouvait l'ouvrir qu'avec une commande électronique. Comme il n'avait pas pensé à demander au ventru de lui prêter la sienne, il dut escalader l'obstacle à mains nues. À peine atteignait-il les pointes du sommet qu'un jardinier se montra sur la pelouse, un arrosoir à la main. L'homme avait laissé tomber son ustensile. Un objet moins bucolique apparut dans sa main avec lequel il visa la grille. Gabriel se laissa tomber à l'extérieur. Une pointe lui lacéra le charnu. Ignorant la douleur, il reprit sa course sans se retourner. Il entendit plusieurs coups de feu lorsqu'une petite voiture freina devant lui.

— Où cours-tu comme ça, beau brun ?

En reconnaissant la voix de Mimi, surpris dans son élan, il trébucha et faillit tomber.

— Mais qu'est-ce que tu fous là ?
— Et toi ? Allez monte vite, l'endroit est malsain.

Elle entrouvrit la portière côté passager. Il s'engouffra dans le véhicule qui redémarra.

— Gros malin va. Tu croyais quand même pas que j'allais rester les bras croisés. Quand ils t'ont embarqué dans leur voiture, je les ai suivis discrètement jusqu'ici et j'ai attendu. Je savais bien que tu finirais par sortir.
— C'était juste. Sans toi, ils m'auraient rattrapé car je suis crevé.
— Tu te reposeras à la maison. Je vais m'occuper de toi.
— J'adore. En tout cas, j'ai appris un nouveau truc. Les mecs de Restoplus sont dans le coup. Il s'appelle comment déjà le patron ?
— Francis Ordioni.
— Je vais m'occuper de lui dès que j'aurai récupéré.

***

Après l'avoir examiné sous toutes les coutures et badigeonné à l'arnica partout où cela s'imposait, Mimi avait installé le Poulpe dans son lit. Elle descendit à l'épicerie fine, au pied de son appartement, pour lui acheter un remontant. Une bouteille d'Eku 28, une bière allemande dite Kulminator, la plus forte du monde. Brassée, paraît-il, à l'intention des Bavarois qui ont la glotte pavée. Adossé aux oreillers, Gabriel la dégusta à petites doses comme un merveilleux reconstituant. Elle était juste à point. Fraîche mais non glacée.

– Mimi, éclaire ma lanterne. Hier un vieux copain de Philippe dans la conversation, a parlé de militants de baloche. Je voudrais pas mourir idiot. Ça veut dire quoi ?

– On pourrait dire, des militants d'opérette. Ici les baloches, faut pas confondre. Ce sont d'abord des bals populaires. Des fêtes de quartier. Un poète local, Victor Mirc, a même écrit là-dessus.

S'emparant d'un petit livre dans sa bibliothèque, elle le feuilleta avant de déclamer malicieusement :

Quand vient la fête du quartier
L'ouvrier comme le rentier
Rit et bamboche
Aimant les danses du Congo
Il ne manque pas un tango
À la baloche

– Tu vois, c'est pas ce que tu croyais, obsédé sexuel. Au fait, c'est quoi ton signe astral ?
– Bélier.
– Tu as donc l'esprit chevaleresque et tu essayes d'agir selon les préceptes de justice et d'honnêteté avec volonté, dynamisme, et tu as un constant besoin d'activité.
– C'est le portrait de Philip Marlowe que tu viens de réciter. Tu y crois à toutes ces sornettes ?
– Oui, un peu.
– Je suis trop fatigué ce soir pour t'expliquer ma théorie. Pour moi, nos origines sociales nous conditionnent davantage que les astres.
– L'un n'empêche pas l'autre.

Le Poulpe n'eut pas la force de répondre. Il s'était tourné dos à la lumière. Épuisé, il dormait déjà sans même avoir fini sa Kulminator.

14

– S'il boit du vin il est malade, tenta d'expliquer Pascal.

Le mec n'en démordait pas. La fiole à la main, il voulait à tout prix remplir le verre de Gabriel pour trinquer.

– Que no le gusta el vino es un animal.
– Arrête de le faire chier Bernard. S'il préfère boire des mousses c'est son droit. D'habitude t'es plus tolérant que ça.
– Ce que j'en disais, répondit l'autre. Le mec

avait des cheveux raides et longs, retenus par un élastique. Il cogna son verre de rouge contre la bouteille de bière de Gabriel.

– À la tienne, frangin !

Suite à un coup de fil de Pascal, un repas impromptu avait été organisé chez Mimi sur le coup de midi. Un graillou vite fait comme on disait ici. Philippe était venu avec plusieurs copains d'Aérojet. Jeunes comme plus anciens, tous étaient intéressés par ce journaliste de la capitale qui tentait de ressusciter la mémoire collective d'une période durant laquelle chacun avait l'impression d'avoir écrit sa propre histoire. À sa façon !

Le Poulpe buvait une Kriek Saint Louis à la cerise, brassée en Belgique à Courtray, chez Van Housebrock. Il l'avait achetée une heure auparavant à l'épicerie, en bas de l'immeuble. Sa nuit de repos total lui avait permis de récupérer et pour se remettre en jambes, il s'était offert ce petit bonus. Une fantaisie qui ne ruinerait pas la Sécurité sociale.

Mimi amena l'estoufet de haricots. Autrement dit le cassoulet. Les assiettes se remplirent ainsi que les verres momentanément délaissés.

– Le pinard, c'est de la vinasse...

Quelqu'un venait d'entonner le refrain de *Vive le Pinard*, l'immortel chef-d'œuvre de Georges Picquet et Louis Bousquet. On le dissuada de poursuivre. Il roumégua mais n'alla pas plus loin que le premier vers. Les potes étaient venus pour discuter, pas pour organiser une troisième mi-temps.

Après s'être un peu raclé la gorge, Gabriel alluma une roulée avant d'avancer sa première question.

– J'aimerais en savoir davantage sur Ordioni.

– Le patron de Restoplus ? Il était pote avec Blanchon depuis des années. Ils se sont connus pendant leur service dans les Bérets Noirs.

– De vrais fachos ces Bérets Noirs, interrompit le voisin de Gabriel. C'est l'armée de l'air qui a constitué ces commandos pendant la guerre d'Algérie. Ils se sont mouillés au moment du putsch d'Alger. Après ils ont été dissous et rapatriés en France. Éparpillés, un par ci, un par là.

Le mec qui affichait une bonne cinquantaine, acheva son verre qu'il tendit aussitôt pour le faire remplir.

– Je faisais mes classes quand ils nous en ont collé un dans la piaule. Une chambrée de vingt gonzes. Le premier soir, le mec nous exhibe un souvenir de là-bas, disait-il. Tu parles ! Un doigt humain, tranché net. Il s'en servait pour bourrer sa pipe ! Le lendemain, ce con nous raconte comment il organisait avec ses potes, des concours de viol. Pour gagner, en arrivant dans un village, fallait se taper la femme la plus vieille.

Il s'arrêta pour boire un coup.

– Putain ce mec était un vrai dégueulasse, luisant de connerie par tous les pores. Il pensait nous impressionner, et plus il en racontait, plus il nous écœurait. Le troisième jour, après l'extinction des feux, on l'a roulé dans ses couvertures et on l'a balancé par la fenêtre. On n'était qu'au premier étage mais putain, il s'est ramassé une belle gamelle quand même. On l'a plus jamais revu ce con !

Au fur et à mesure que l'homme qui faisait figure de vétéran racontait son histoire, les autres s'étaient tus pour l'écouter. C'était la première fois qu'il évoquait devant eux cette période qui avait laissé pas mal de jeunes traumatisés, même bien des années après. Quand il eut achevé son récit, le bruit des fourchettes reprit d'un coup.

– Et tu penses que Ordioni fait partie de ce genre de pourris ? demanda Gabriel.

– Ça serait pas impossible, répondit le vétéran. En tout cas c'est un truand, ça je le sais.

– Comment ça un truand ?

– Pareil que Blanchon. Lui aussi s'est fait vider par son patron !

– Il donnait dans le syndicalisme marron ?

– Non, non. C'est pas pour ça qu'ils l'ont largué. Il travaillait comme steward dans une grande compagnie aérienne. Monsieur faisait les lignes internationales, notamment Paris-New York. Il était chef de cabine en première classe. Le gonze repérait quelques bons gros Amerloques et les rinçait bien comme il faut. Champagne par ci, whisky par là. Quand les mecs étaient complètement bourrés, il leur faisait les portefeuilles. Tu vois un peu le genre. Putain, vachement moral !

Gabriel ne manifesta pas son étonnement mais il était quand même un peu surpris. Si le vétéran disait la vérité, décidément l'image de marque d'Ordioni n'avait rien à envier à celle de Blanchon. Il interpella son voisin.

– Je suppose que tu connais des choses intéressantes sur Restoplus. Je veux dire des magouilles.

– Philippe aussi connaît bien le sujet.

Le cassoulet liquidé jusqu'à la dernière monjette, Mimi apporta deux énormes morceaux de fromage, du Cantal et du Roquefort. Chacun à tour de rôle s'en tailla une bonne part.

– D'abord pourquoi Restoplus ? commença Philippe. Pourquoi des boîtes de restauration collective ? Parce qu'il y a de plus en plus de besoins dans ce domaine et que depuis dix ans les progrès techniques sont incroyables dans l'agro-alimentaire. Y'a même un salon à Paris chaque année.

Attentif, Gabriel écoutait tout en sirotant sa troisième bière, une Stella d'Artois, cette fois. Il nous la joue à l'analyste marxiste, pensa-t-il, avant de se concentrer de nouveau.

– Restoplus prospecte les clients qui gèrent un restaurant, par exemple les comités d'entreprise qui représentent un marché énorme. Ils peuvent te proposer plusieurs formules. La plus courante est de prendre en main la gestion complète. Tu fournis le local, ils s'occupent de tout le reste avec leur propre personnel. Et tu ne maîtrises plus rien.

Le vétéran tendit à nouveau son verre.

– Là c'est mortel. On a vu des CE changer de main à cause de la bouffe dégueulasse. Dans ce cas-là, les électeurs te font pas de cadeau.

– Raison de plus pour en garder le contrôle, poursuivit Philippe. C'est pourquoi Restoplus a bien joué. Ils ont dit aux mecs, vous gardez votre restaurant mais ne vous emmerdez plus avec la gestion, on la fera à votre place.

– Une boîte de service finalement.

– Plus ou moins. Mais une boîte de service qui se fait des couilles en or. Tu sais, dans nos syndicats, on apprend aux militants la lutte des classes, la plus-value et le reste du bréviaire.

Pas besoin de stage pour savoir ça, pensa Gabriel. Mais il comprenait facilement que tout le monde n'avait pas eu la chance comme lui, de côtoyer dès l'enfance des anciens révolutionnaires espagnols. Philippe finissait sa phrase.

– On est champion en théorie économique, mais côté gestion réelle, on n'a jamais figuré parmi les premiers de la classe.

Le vétéran fit un signe de dénégation.

– Tu exagères un peu, Philippe. On a des copains vachement capables quand même.

– J'ai pas dit le contraire mais ils se sont démerdés tout seuls. On leur a jamais fait un stage pour les aider. Alors tu comprends que quand un margoulin vient leur dire, pour votre cantine je groupe vos achats avec d'autres, ça vous coûtera moins cher, je vous garantis des repas équilibrés, je contrôle vos résultats avec l'informatique, j'en passe et des meilleures, le copain dit d'accord pour refiler le ballon en touche. Saint-Restoplus gérez à ma place. Je m'emmerderai plus avec ça et je pourrai faire autre chose.

– Ça me paraît assez logique quand même, dit Gabriel.

– Quand on a de petits moyens, peut-être. Mais pas dans une grande entreprise. On peut faire aussi bien qu'eux et moins cher. Car naturellement un pareil service ça se paie. Plusieurs francs pour chaque couvert qui viennent s'ajouter au prix de ton repas. Et à ton avis qui paye ?

– Le consommateur risqua-t-il.

– Bien sûr le consommateur. Comme toujours. Et une fois que tu es intégré à ce système, tu n'en sors plus. Et les mecs peuvent te taxer encore s'ils le veulent.

– C'est ce que fait Restoplus ?

– Bien sûr. Quand ils ont un contrat depuis plusieurs années, c'est difficile pour leurs clients de se barrer du jour au lendemain, même si la concurrence existe. Alors ils peuvent faire du surprofit en augmentant le prix de leur service. Blanchon l'avait bien compris. Il s'en est pas privé. Je ne parle même pas des pots de vin pour traiter avec un fournisseur plutôt qu'un autre. Et ils te font payer le prix fort même avec toutes les économies qu'ils peuvent faire ! C'est ce qu'on appelle la loi du marché, non ? conclut Philippe en souriant finement.

Le vétéran proposa une tournée générale avant de lever le siège. Ils trinquèrent une nouvelle fois. Cela constituait presque chez eux une seconde nature.

– Après ce que tu viens de m'expliquer je me pose une question, dit Gabriel, sans rapport d'ailleurs avec Ordioni. Avec tous les restaurants que vous avez dans le pays, pourquoi n'avez-vous pas monté une boîte de ce genre ?

– On a tenté, mais ça a foiré. Pour plein de trucs. Surtout parce que le pouvoir est grisant si l'on n'y prend garde. C'est une véritable vérole qui contamine tout. Y compris le mouvement syndical.

Le repas avait été convivial. Gabriel se garda bien de demander des précisions supplémentaires. Il n'était pas venu à Toulouse pour cela.

15

La table du repas rapidement débarrassée, chacun avait mis la main à la pâte, les militants s'éclipsèrent. Ils devaient participer à l'importante manifestation organisée dans l'après-midi à Toulouse comme dans le reste du pays. Il fallait défendre la Sécurité sociale avant que le gouvernement en place ne l'ait transformée en peau de chagrin. Déjà, on savait que le réseau ferroviaire et celui du métro parisien étaient presque paralysés par la grève depuis vingt-quatre heures.

Avant de partir, Pascal informa Gabriel de l'endroit où devait se trouver Maria Escobar. Il se proposa d'y aller lui-même.

Avec les nouvelles donnes qu'il venait de recueillir pendant le repas, Gabriel sentait qu'il marchait de moins en moins à l'aveuglette. Un contact avec Puech, l'actuel secrétaire du CE d'Aérojet préciserait sans doute certaines choses. Mimi, au journal, pourrait lui dégotter l'adresse personnelle de ce futur client et peut-être l'y conduire avec sa voiture dans la soirée. Lorsqu'il le lui demanda, elle parut ravie de poursuivre l'aventure à ses côtés. Ils devaient se retrouver à dix-huit heures.

***

À présent, Gabriel pouvait se promener seul dans la ville sans trop se perdre. Il avait mémorisé quelques itinéraires infaillibles qui lui permettaient de revenir à son point de départ sans demander la route. Vingt minutes après avoir quitté Mimi, il atteignit la place Wilson. À proximité de la statue du poète occitan Goudouli, les manifestants commençaient à se regrouper. On voyait déjà de nombreuses banderoles, neuves pour la plupart et encore fraîches de peinture. Quelques individus portaient des mégaphones à piles. D'autres vendaient des badges ou la presse militante Un manifestant se mit à gueuler.

– C'est quand même un vrai bordel, ce truc.

Y'a une autre manifestation place du Capitole. C'est encore les autres syndicats. Y pouvaient pas défiler avec nous ces cons ?

En poursuivant son chemin, Gabriel pensa à la guerre d'Espagne, aux fractions politiques divisées contre les fachos. Le même scénario avait encore cours aujourd'hui. Quand donc comprendraient-ils ? Contre l'ennemi, on doit aller au charbon ensemble !

Un peu plus loin dans le cortège, il vit un orchestre juché sur la plate-forme d'un camion. Des jeunes s'essayaient au jazz new orleans. La manifestation se mit en marche. Les premiers slogans commencèrent à fuser, repris en chœur par une foule bon enfant. Quelques pétards éclatèrent.

Au moins ils vont faire un peu d'exercice, se dit-il. Si c'est bon pour la santé, c'est bon pour la Sécu !

***

Pascal écourta sa participation au défilé. Il était dix-sept heures. Il voulait arriver à la maison de retraite de Maria Escobar avant la fermeture. Une infirmière aux yeux bleus et à la crinière rousse se tenait à l'accueil. Elle lui indiqua la chambre de la vieille dame en lui adressant un sourire si gracieux qu'il aurait certainement ému un stalinien émérite de la première génération.

La chambre de Maria Escobar, petite et claire, contenait un minimum de meubles. On en avait vite fait le tour. Un lit, une armoire, une table, une chaise pliante et un fauteuil. À l'opposé du lit, une télévision posée sur un guéridon, apportait la seule note de modernité. Quand il se fut présenté, Maria accepta de le recevoir. Elle connaissait Pascal sans jamais l'avoir vu. Paco avait parlé de lui et la vieille dame crut bon d'exprimer sa reconnaissance à propos de l'appartement. Elle le fit asseoir sur le bord du lit avant de s'installer dans son fauteuil. D'un coup, sa voix se fit plus faible, presque imperceptible.

– Je n'ai pas de nouvelles de mon Paco, je suis inquiète, très inquiète.

Pascal se sentit brusquement embarrassé. Devant cette évidente détresse, il bafouilla.

– Ne vous faites pas de souci madame. Il m'a téléphoné. Tout va bien. Il doit me rappeler bientôt.

– C'est vrai ? Vous êtes sûr ? Vous ne dites pas ça pour me rassurer j'espère. Il ne faut pas mentir avec ces choses-là.

La voix de Maria avait repris un peu de volume. Elle avait l'accent caractéristique de sa ville d'adoption.

– Je vous assure. C'est vrai. Il m'a téléphoné.

À présent elle s'était redressée dans le fauteuil et le regardait avec attention, fixement.

– J'ai eu peur sur le coup, je croyais que vous veniez m'annoncer une mauvaise nouvelle.

– Non, non, pas du tout. J'ai appris par hasard où vous viviez et j'ai eu envie que vous me parliez de Paco. Je l'aime bien.

Elle continuait à l'observer attentivement. Maintenant sa méfiance semblait avoir disparu.

– C'est une longue histoire Paco, une longue histoire.

Et la vieille femme commença son récit.

***

Gabriel avait suivi de loin la queue des manifestants qui s'étaient engagés sur le boulevard Lazare Carnot en direction de la préfecture. Ça gueulait sec et il y avait du peuple.

Il se demanda si, au journal télévisé du soir, on aurait droit à quelques figurants parisiens, pour participer à ce que les journalistes appelaient les «micro-trottoirs». Un de ses potes avait déjà fait ce job lors d'une précédente grève du métro. Ils l'avaient recruté auprès de l'ANPE pour pester contre les grévistes et dire qu'il ne sentait plus ses pieds à force de marcher.

Il chercha les militants d'Aérojet, y renonça et s'éloigna pour repartir vers le Capitole.

Sous les arcades, les terrasses des cafés affichaient presque complet. Il décida de boycotter le rade dégueulasse où la veille le Black s'était fait jeter et entra dans un autre troquet commander une blanche. Il la dégusta lentement après s'être confectionné une roulée. Dans une heure seulement, il retrouverait Mimi. Il ouvrit *Ici et maintenant* et entama un nouveau chapitre du livre de Jim Thompson. Celui qui portait le numéro 18 et dans lequel l'écrivain délire sur la mort de son père, pensionnaire d'une maison de repos, censé s'être volontairement étouffé en se gavant avec la laine de son matelas. Image atroce et obsédante qui culpabilisera le romancier pendant le reste de son existence.

***

Dans la chambre où se trouvait Pascal, le jour pointait encore. Et Maria lui raconta.

Comment le 5 février 1939, âgée de dix ans, elle avait franchi avec ses parents la frontière française au Perthus parmi une marée humaine de cinq cent mille personnes fuyant l'Espagne fasciste. Comment sa famille se retrouva parquée pendant plusieurs mois dans le bidonville d'Argeles, dans des huttes construites avec de la tôle, des roseaux, des bâches ou des chiffons, au milieu des barbelés. Avec le froid et la dysenterie. Comment son père s'engagea dans les maquis de la résistance dans l'Ariège pour se faire tuer en octobre 1944 durant l'opération Reconquista, déclenchée du Val d'Aran par Agrupacion de los guérilleros españoles qui voulaient débarrasser le pays de Franco.

Pascal écoutait en silence. Il fixait le visage usé de Maria qui semblait reprendre vie en même temps que ses souvenirs de petite fille remontaient à la surface. Elle lui raconta encore la naissance de l'hôpital Varsovie où elle avait travaillé toute son existence.

– À la fin de la guerre ma mère s'est retrouvée

seule pour m'élever. Elle ne connaissait pas le français. Elle était enseignante mais ses diplômes n'étaient pas reconnus. Elle a seulement pu trouver un travail à l'hôpital Varsovie. Comme femme de salle. À dix-huit ans, j'ai suivi ses traces.

Pendant que Maria poursuivait son histoire, le jour avait disparu. La petite pièce baignait presque dans l'obscurité. Elle se leva pour faire la lumière avant de reprendre.

– J'avais une amie plus jeune que moi, elle aussi d'origine espagnole. Lurdes Vasquez Perez. Elle fréquentait un certain Blanchon. Elle l'aimait.

Pascal ne put réprimer un mouvement de surprise qu'il maîtrisa aussitôt. Maria ne lisait peut-être pas les journaux. Il était inutile de l'alarmer.

– Et pourtant cet homme l'a abandonnée. Je n'en ai jamais su la raison. Lurdes s'est retrouvée enceinte. Quelques mois plus tard Paco naissait. C'était en 1970. Mais Lurdes n'a pas survécu à l'accouchement.

De nouveau Maria avait du mal à hausser la voix. Sa gorge se nouait. Pascal se leva pour remplir un verre d'eau avec la bouteille posée sur la table. Il le lui tendit. Elle le vida doucement avant d'achever son histoire. Pascal allait de surprise en surprise. Le journaliste de *L'Événement* serait sûrement étonné lorsqu'il lui raconterait.

– À présent Pascal, il faut me laisser. J'ai été contente de vous dire tout ça mais c'est l'heure de mon repas. Les personnes âgées ont leurs habitudes. Vous savez, seul Paco est au courant depuis quelques semaines. Je ne voulais pas disparaître en lui cachant la vérité.

Pascal s'était levé. Il ne put s'empêcher de serrer la vieille dame dans ses bras. Elle en avait bavé toute sa vie et ça menaçait de continuer. Toute son existence n'avait eu qu'un lointain rapport avec une partie de plaisir. Et elle avait gardé son secret, sans se plaindre, pour consacrer toute son énergie à Paco. On a sanctifié pour moins que ça !

16

Le parcours n'avait pas été trop compliqué. Pour l'instant Toulouse ne comptait qu'une seule ligne de métro. Gabriel avait pris le Val au Capitole pour descendre au terminus, à Basso Cambo, en plein cœur d'une immense cité de tours en béton. Le vivant témoignage de l'architecture sociale telle qu'elle se pratiquait durant les années soixante dans toutes les grandes cités. On trouvait là, parqués à la périphérie, tous ceux qui ne possédaient pas les moyens de se loger dans le centre ville. Mimi l'attendait sur une aire de stationnement. Elle travaillait à côté.

Ils roulèrent vers l'Ouest pendant quelques kilomètres pour atteindre Plaisance. C'est là qu'habitait Puech. Ancienne commune rurale, la bourgade abrite aujourd'hui un peu plus de douze mille habitants répartis dans de nombreux lotissements qui ont proliféré autour du vieux bourg.

Peu après avoir franchi le pont qui surplombe le Touch, Gabriel dut prendre le plan pour localiser l'avenue de la Casse. Elle ne ressemblait pas aux Champs-Élysées. Simplement une route étroite où deux voitures pouvaient se croiser sans trop de dommage. Les habitations y étaient rares. On n'en comptait pas davantage que les doigts de la main d'un mutilé du travail. Ils passèrent devant Jardins-Contact, une petite entreprise d'entretien pour parcs et plantations. Ils longèrent quelques grandes étendues où les tiges de tournesols commençaient à pointer leurs fleurs. Le soleil musardait encore avec les nuages lorsqu'ils distinguèrent enfin une grande bâtisse. Ils arrivaient.

La maison, imposante, avec piscine au milieu d'une vaste pelouse parfaitement taillée ne reflétait nullement le salarié nécessiteux. Mimi arrêta sa voiture devant l'entrée. Elle resta à l'intérieur. Gabriel voulait agir seul. Il sonna plusieurs fois à la porte. N'obtenant pas de réponse, il pénétra dans l'allée. Un aboiement se fit entendre. Du fond de la pelouse, gueule au pavé, un énorme doberman fonçait sur lui. Une bêche traînait. Il bondit pour la prendre et se mit en garde. Lorsque le molosse bondit sur lui, il le cogna plein fer. La bête gémissante de douleur, s'avachit sur le gravier. Avec le chtar qu'elle venait de recevoir elle resterait bien sage toute la soirée. Gabriel ne supportait pas ces clébards agressifs, encore moins leurs maîtres. La visite s'annonçait mal.

Il contemplait la bestiole gisant à ses pieds lorsqu'un petit homme, d'apparence grêle, se montra. Un fusil presque plus lourd que lui brillait entre ses mains.

– Arrêtez où je tire ! Vous êtes dingue ou quoi ? Il ne vous avait rien fait.

Gabriel reposant l'instrument sur le sol répliqua d'un ton gouailleur.

– Non non, à part ça, il allait me bouffer tout cru.

– C'est votre faute. Fallait pas rentrer.

– Je savais que vous étiez là. J'ai vu un rideau bouger.

L'homme au fusil devenait fou de rage.

– J'ouvre à qui je veux. Je vous ai pris pour un témoin de Jéhovah.

– Vous savez bien qu'ils se déplacent à pied et toujours par paire.

Il s'abstint d'illustrer sa réplique en évoquant une autre paire, symbole paraît-il de la virilité. Une blague grasse et scabreuse grâce à laquelle le patron de la Sainte-Scolasse avait régalé plus d'un consommateur mécréant.

– Votre conduite est dégueulasse. Je vous préviens, je vais porter plainte.

– Ça tombe bien moi aussi. Contre votre petit copain Ordioni !

Cette fois, l'homme au fusil se mit à transpirer.

– Et puis baissez votre arme. On n'est pas au Far West ici. Je parie qu'elle n'est même pas chargée.

Sans attendre de réponse, Gabriel avait saisi le canon du fusil et désarmé son adversaire.

– Vous êtes bien Pierre Puech ?

L'autre acquiesça en détournant les yeux.

– J'ai besoin de vous poser quelques questions. On passe à l'intérieur ou bien on reste là ?

Puech voulut rester dehors.

– Vous auriez évité tous ces désagréments en ouvrant tout de suite.

– Depuis qu'on a assassiné Blanchon je me méfie.

Gabriel se massa le crâne d'un air entendu.

– C'est votre affaire. Moi je suis pas dans le coup et pourtant le gorille de votre ami Ordioni ne m'a pas loupé.

– C'était Blanchon mon ami. Pas Ordioni.

Ses lèvres minces esquissèrent un mouvement convulsif.

– Avec Ordioni, on a des relations d'affaires parce qu'il travaillait pour Blanchon, c'est tout.

– Restoplus, par exemple, et ses magouilles ? Ça je sais.

– Vous savez ?

– Évidemment, il n'y a pas que des naïfs autour de vous. Je pensais que vous pourriez m'expliquer pourquoi Ordioni a lancé sa meute après moi. Il craint quoi Ordioni ? Il est couvert non ? La France a bien adhéré au libéralisme que je sache ?

– Je sais pas moi. On a tous peur depuis une semaine.

Gabriel s'approcha de Puech. Il le touchait presque.

– Vous n'avez pas une petite idée ? On ne tue pas les gens sans raison quand même. Ne m'obligez pas à devenir brutal.

Le visage de Puech vira au blanc crayeux. Devant cette mine défaite, Gabriel analysait l'homme. Un de ces innombrables exécutants serviles qu'on investit de responsabilités pour mieux les manipuler. Tout juste un quatrième couteau et encore. Sans doute la menace suffirait pour lui faire cracher le morceau.

– Je ne sais rien, se contenta de répéter Puech.

– Écoutez, un sacré manitou comme Ordioni ne s'affole pas pour rien. Il vous a bien dit quelque chose ?

– Simplement de faire gaffe. Lui il est pas gêné. Il a un garde du corps.

– C'est tout ?

Gabriel l'empoigna par le col de la chemise et se mit à le secouer histoire de raviver quelques souvenirs. Une méthode qui avait fait ses preuves et que le Poulpe n'hésitait pas à utiliser avec les récalcitrants.

– Maintenant ça me revient, hoqueta Puech. Ordioni s'est fait voler des documents. C'était avant la mort de Blanchon je pense. Je me rappelle pas exactement. Cette fois c'est vraiment tout. Je ne sais pas autre chose.

– Des documents ? Quels documents ?

— J'en sais pas plus. On a forcé son bureau, une nuit et on lui a volé des papiers. Il nous a pas dit quoi. Mais il était furax.

— Eh bien voilà, fit Gabriel en ébauchant un large sourire. Vous voyez ? C'était pas si difficile de me dire tout ça.

Gabriel le laissa. La pauvre larve pantelante s'était ruée à l'intérieur pour s'enfiler un grand verre d'alcool. Son corps et ses mains tremblaient. Il put cependant inscrire quelques chiffres sur un morceau de papier avant de ressortir pour soigner son chien.

***

Gabriel rejoignit Mimi dans la voiture et lui résuma son entretien quelque peu agité. Ça n'avait pas pris cinq minutes. Durant le reste du trajet il avait gardé le silence, visiblement pensif. Il faisait encore jour lorsqu'ils se retrouvèrent tous les deux chez la jeune femme.

Après sa soirée à l'Opus, il n'avait guère eu le temps de faire le tour de l'appartement de Mimi. Son trois pièces était spacieux, aménagé avec élégance. Même si la jeune femme agissait avec les cendriers comme les Français avec les listes électorales. Qu'il y en ait cinq ou cinquante, chacune obtenait au moins quelques voix. Mimi faisait pareil avec ses cendriers. Qu'il y en ait cinq ou dix, chacun dans la journée héritait au moins d'un petit mégot.

Mimi proposa de dîner dans une pizzeria du quartier d'Arnaud Bernard. Gabriel ne se fit pas prier. Il prit toutefois le temps de téléphoner à Pascal pour avoir quelques nouvelles.

17

Puech n'avait pas perdu de temps après le départ de Gabriel. Le grand froussard n'avait pas supporté son humiliation, encore moins qu'on brutalise son chien. Pour se venger, malgré la répugnance qu'il éprouvait à son égard, il avait pris contact avec Ordioni pour lui communiquer le numéro d'immatriculation de la voiture de Mimi. L'autre barbeau ferait sans doute le reste. Ce n'était plus son affaire à lui. Tout en ayant foi en elle, ce syndicaliste effacé redoutait la violence.

***

La nuit commençait à peine lorsque Mimi et Gabriel se retrouvèrent devant la basilique Saint-Sernin, tout illuminée par des projecteurs qui resteraient allumés jusqu'au petit matin. Ils s'engagèrent dans la rue Arnould pour rejoindre le quartier Arnaud Bernard. Ce coin populaire avait bien résisté aux promoteurs avec ses voies tortueuses bordées d'immeubles anciens, de petits restaurants, d'échoppes et de magasins. Ici était née l'idée des repas de quartiers. Les habitants installaient au milieu de la rue des tréteaux et des chaises pour pouvoir une fois de temps en temps manger ensemble et surtout discuter, échanger des opinions, apprendre à mieux se connaître.

Ils passèrent devant un restaurant tunisien.

– Ici on mange un couscous extra, indiqua Mimi d'un signe de main.

Des odeurs d'épices flottaient dans l'air, sans pudeur. La soirée restait tiède et quelques personnes en profitaient pour se promener. Sur un mur, Gabriel déchiffra un bombage à la peinture verte «Tous à la manif contre la centrale Golfech». Ça devait dater d'une dizaine d'années. Depuis, la centrale fonctionnait et même les écolos avaient laissé tomber.

Mimi d'un signe de tête lui indiqua l'entrée de la pizzeria. Ils s'installèrent à une table circulaire autour de laquelle on aurait pu faire manger une équipe de foot avec ses remplaçants. L'établissement semblait presque désert. Peut-être *Sacrée Soirée* à la télé ? Aussitôt une serveuse s'approcha. Teint mat, cheveux courts noirs et bouclés, yeux noirs, pas de maquillage. Elle affichait sa profession par un uniforme strict. Blouse noire, tablier blanc attaché dans le dos et bonnet assorti. L'ensemble possédait néanmoins forme humaine grâce à des rondeurs judicieusement réparties qui s'agitaient devant le nez de Gabriel. Il apprécia mais ne broncha pas.

La fille revint déposer deux pizzas royales, une demi de rosé et une bière.

– Y'a pas foule, risqua-t-elle, ils sont tous devant leur poste à regarder le match de foot.
– Oui et demain ils vont encore nous gonfler avec la victoire des Français, rétorqua Gabriel.
– Ça fera toujours oublier les chômeurs pendant quelques instants, ajouta Mimi qui voulait aussi mettre son grain de sel dans la conversation.

Ils attaquèrent leurs pizzas larges comme des roues de scooter. Elles semblaient cuites à point. Gabriel n'arrivait pas à détester ce plat, devenu partout une institution. L'impérialisme de la mozarella cuite valait bien celui du hamburger.

– Je suggère qu'en France l'industrie de la pizza devienne un grand service public.
– Je ne crois pas que les technocrates de Maastricht seraient d'accord, mais je soutiens ton projet. À la tienne !

Le Poulpe avala une gorgée de bière.

– Pascal m'a appris une chose importante. Il a rencontré cet après-midi la mère de Paco Escobar. Tu sais le gars qui a disparu après le meurtre de la Halle aux Grains. Eh bien sa mère n'est pas sa mère !
– Quoi ?
– Tu as bien entendu. Sa mère n'est pas sa mère, répéta-t-il avec un hochement de tête.

La bouche de Mimi s'était agrandie.

– La mère de Paco est morte après avoir accouché. Et pour que l'enfant ne finisse pas à l'Assistance, Maria Escobar a été le déclarer comme s'il était le sien.

– Comment elle a fait ?
– Je l'ignore. Elle travaillait à l'hôpital où a eu lieu l'accouchement. Peut-être un interne a-t-il fermé les yeux ? Sans doute même. Elle s'est pointée à la mairie et voilà.

Ils se servirent à boire. Mimi leva le bras pour attirer l'attention de la serveuse.

– Mais tu ignores le plus beau !
– C'est quoi le plus beau ?
– Le père de Paco. C'était Blanchon.

Mimi baissa le bras. Elle en avait oublié sa commande.

– Un vrai feuilleton des *Veillées des Chaumières* ! On se croirait dans un roman de Xavier de Montépin.

La serveuse déposa deux coupes de glace devant eux.

– Sauf qu'ici on tue et je voudrais bien savoir pourquoi.

Ils ne touchèrent qu'à peine à leur dessert. Un peu de chantilly, c'est tout.

Ils fumèrent en silence.

Sur le chemin du retour Mimi se mit à parler.

– L'hôpital dont tu m'as parlé, celui de la rue Varsovie, il est né d'une histoire assez extraordinaire vers la fin de la guerre. Au départ, il y avait là un vieux château. Des résistants espagnols voulaient libérer l'Espagne...

– ...L'opération Reconquista ?

– Oui. Ils ont aménagé le château en hôpital militaire. On y a soigné des centaines de guérilleros.

– Et Reconquista a échoué.

– Reconquista a échoué. Mais à la Libération, l'hôpital est devenu un établissement civil géré par une amicale de résistants espagnols. Dans le monde entier il y a eu un énorme mouvement de soutien moral et financier. Les dons sont arrivés de partout, en particulier des pays de l'Est.

– Je comprends pourquoi on l'a appelé Varsovie !

– Mais non imbécile, c'était déjà le nom de la rue. Et je parie que tu ne sais même pas ce qu'il signifie !

Gabriel arrêta sa marche pour la regarder un instant.

– Aux dernières nouvelles c'était la capitale de la Pologne...

– Perdu, fit-elle avec un large sourire. C'est de l'occitan. Ça veut dire «Verse Vin», mais comme tu bois que de la bière, tu pouvais pas le savoir.

– Celle-là tu devrais l'envoyer au jeu des *Mille francs*. Pour les questions rouges...

– C'est amusant non ? En fait l'hôpital a failli disparaître en 1950. Le gouvernement de l'époque le dénonçait comme un nid du terrorisme. Il a même fait arrêter et expulser des centaines d'Espagnols réfugiés. Pour sauver l'établissement, une autre société composée de médecins et de militants syndicaux et politiques a pu reprendre l'hôpital. Sinon il était rayé de la carte.

– Vous en savez des trucs ! Enjôleuse ! se marra Gabriel.
– C'est mon boulot. J'ai écrit un article là-dessus un jour. Il a bien fallu que je me documente.

Ils étaient arrivés devant chez Mimi.
– J'aimerais bien que tu restes cette nuit !

Gabriel ne demandait pas mieux. Cette fois il aurait l'air moins con, il n'avait pas oublié la modernité préservatrice.

***

Quelques heures plus tard, apaisés, encore en sueur, quand les gestes sont lents et sûrs, ils s'échangeaient une cigarette, les yeux au plafond, chacun tentant de deviner ce que pensait l'autre.
– Il faut que je retrouve ce Paco. Il doit être mouillé jusqu'au cou dans cette histoire. L'Espagnol est un être fier.
– Pourquoi tu dis ça ? C'est aussi con que de parler d'un Chinois énigmatique.
– Tu as raison, l'Espagnol n'est pas fier.
– N'exagère pas non plus.
– Bon faudrait savoir ce que tu veux.

Il éclata de rire, lui mordit le lobe de l'oreille et sauta sur elle. Son désir avait refait surface. Il était prêt pour une seconde manche.
– Tout ça c'est des conneries, précisa Gabriel. Une fois, on voyageait avec des amis, du côté de Brighton. Et on a inventé ce jeu.

L'Anglais est insulaire. L'Allemand discipliné. L'Africain a le sens du rythme... Tu vois le genre. Les lieux communs qu'on nous déverse depuis la plus tendre enfance pour justifier tous les nationalismes. Toi, t'es pas tombée dans le panneau.

– Tu me prends pour qui ?

À son tour, elle s'agita et le retournant, se mit à califourchon sur ses cuisses.

18

Dans le temps, les bourgeois allaient aux putes le dimanche. Le Toulousain, lui, sacrifie à un autre rituel. Il va aux Puces. Les puristes préfèrent une formule plus ancienne. Ils vont à l'Inquet, ignorant sans doute que cet antique vocable languedocien, importé d'Allemagne, signifie hameçon, un rapport évident avec la pêche aux bonnes affaires.

Depuis toujours, les Puces de Toulouse ont élu domicile dans les rues et sur les trottoirs, tout autour de la basilique Saint-Sernin. C'est là que Pascal avait fixé rendez-vous à Gabriel. Juste devant la fourgonnette de Papou, un bouquiniste célèbre dans la région pour ses collections de polars anciens. On avait depuis longtemps oublié son véritable nom pour le surnommer Papou en souvenir du temps où il se faisait crêper les cheveux et se baladait avec un os de poulet enfoncé dedans.

Gabriel était en avance. Il en profita pour pénétrer à l'intérieur de l'église. Quelques fidèles assistaient à l'office dominical. Mais il y avait surtout des visiteurs qui admiraient les immenses colonnes, les vitraux et toutes les richesses exposées ordinairement dans un lieu saint. Gabriel tomba en arrêt devant la statue de Sainte-Ida avec, au-dessous d'elle, des centaines de cierges allumés. Une plaque de marbre gravée en lettres d'or résumait le parcours de la sainte qui avait consacré la majeure partie de son existence à enseigner les arts et en particulier la musique à de jeunes déshérités. À côté, il put admirer le visage de Sainte-Ida qu'un peintre de l'époque avait fixé sur sa toile. Gabriel fut frappé par ses yeux en amande, ses lèvres minces et quelques rares mèches rousses qui s'échappaient de son vêtement de bure. On distinguait à l'arrière, un peu floue, l'embouchure d'une trompette.

Une sainte pour artistes qui détrônera sûrement un jour la Rita parisienne, pensa-t-il en quittant la basilique.

Devant le porche, un vendeur ambulant proposait le journal. Gabriel lui en acheta un. La première page du quotidien se partageait entre la victoire des Bleus et le facile succès (56 à 12), du Stade toulousain face à Narbonne. Pas un mot sur Blanchon, même dans les pages intérieures. À présent, l'affaire datait de plusieurs jours. Un silence qui exprimait bien dans quelle panade se trouvaient les enquêteurs locaux.

Il repéra vite la fourgonnette cabossée de Papou. Comme il s'en approchait une des vitres du véhicule s'étoila soudain. Le trou, visible au milieu du vitrage, paraissait de la taille d'une pièce de vingt centimes. Comme au champ de foire, quelqu'un faisait un carton, à cette différence que c'était lui, Gabriel, qui jouait la cible. Il eut à peine le temps de se jeter à l'intérieur du véhicule. La vitre latérale venait d'exploser.

Lui faisant face, un individu à la barbe hirsute, un bouquin à la main, le regardait d'un air étonné.

– Y en a qui font du tir au pigeon. Pourtant la chasse n'est pas encore ouverte.

– Oui et j'ai même l'impression que le pigeon c'est moi, répondit Gabriel.

À présent, on ne tirait plus. Peut-être les chasseurs avaient-ils abandonné leur battue ?

– Les coups semblaient partir de là, indiqua Gabriel. D'un geste vague de la main, il désignait l'angle de la rue la plus proche. Face à l'église.

Au même moment une voiture démarra pour filer tout droit, en direction du Pont Neuf. Ils ne l'entrevirent qu'un instant. La foule des badauds empêchait le regard de porter très loin.

– Mauser-Bauer peut-être, ou Weatherby avec silencieux, énonça Papou d'un air connaisseur. Je crois que les tireurs sont partis. Mais restez encore un peu, je vais m'en assurer.

Le barbu glissa par l'arrière hors de sa fourgonnette et se perdit parmi les promeneurs. Il refit surface dix minutes plus tard.

— Ils n'ont pu tirer que planqués dans une voiture. J'ai inspecté le coin. Ils sont loin à présent.

Sorti à son tour du véhicule, Gabriel proposa à son propriétaire d'aller boire un coup dans un petit rade du coin. Il était à peine neuf heures du matin mais ils attaquèrent d'entrée avec une petite mousse.

— Je ne pensais pas faire votre connaissance de cette façon. Je suis un pote de Pascal Destains. Il m'avait filé rencard chez vous.

— T'es amateur de polars toi aussi ?

— À l'occasion mais j'ai surtout besoin d'un service un peu spécial.

Le barbu se mit à le dévisager un instant avant de détourner son regard. S'emparant de son verre, il en but une gorgée et reprit.

— Un service un peu spécial ? Alors on en parlera tout à l'heure. Pas ici.

La conversation eut du mal à redémarrer et les deux hommes terminèrent leur bière en silence.

Lorsqu'ils regagnèrent la fourgonnette, Pascal les attendait. Un peu surpris de les retrouver ensemble, il fit quand même les présentations en ajoutant.

— C'est un copain, Papou. Tu peux avoir confiance si tu vois ce que je veux dire.

Le barbu hocha la tête en ébauchant un rictus. Ses dents apparurent, tachées par la nicotine. Pascal et Gabriel s'isolèrent un instant pour aller s'en jeter une dans le petit troquet.

En chemin Gabriel demanda à son compagnon s'il connaissait l'origine du mot Varsovie. L'autre savait. Aussitôt après, il lui raconta l'incident dont il avait failli être la victime.

– Je suis repéré. Il faut que je disparaisse. Le temps que Paco remonte en surface.

– Papou va te planquer quelques jours.

– J'espère qu'on l'aura retrouvé avant.

***

Au volant de son vieux tube, Papou roulait vers l'Est, en direction de Verfeil. Il habitait dans une ferme isolée, à une quarantaine de kilomètres de Toulouse. Pascal n'avait pas eu besoin d'insister pour le convaincre d'héberger Gabriel. Le courant passait entre les deux hommes.

Ils arrivèrent à quinze heures. Le barbu s'installa pour faire la sieste. Gabriel en profita pour visiter la maison. La construction de la ferme remontait presque aussi loin que l'invention des impôts. Elle avait dû héberger de nombreuses générations de paysans. À présent, elle n'abritait plus que des livres. Des tonnes de livres. De la cave au grenier. Des polars, de la science-fiction, de vieux fascicules du début du siècle. Une vraie bibliothèque nationale du livre populaire.

Le barbu avait aménagé chaque coin, cloué des étagères, installé un circuit électrique complexe pour utiliser le moindre centimètre carré disponible. Gabriel, vu sa grande amplitude, fut obligé plusieurs fois de baisser la tête pour éviter de la cogner à des poutres basses qui auraient pu s'avérer meurtrières. Sa visite et ses découvertes durèrent quelques heures. Il repéra plusieurs titres des années cinquante qui l'amusèrent. *Pas même un slip pour l'assassin. Du bruit chez les maccabs ! Un pyjama de sapin. Les squelettes jouent pas au poker.* À cette époque on ne faisait pas dans la dentelle.

À dix-neuf heures, le barbu se manifesta en s'approchant d'une antique armoire. Elle était remplie de bocaux de verre dont le contenu semblait alléchant.

– On va se faire péter un petit graillou, dit-il en saisissant un pâté fait maison. Tiens assieds-toi !

Il indiqua de la main un siège à son invité. Sur une vieille table dont le bois avait subi la patine des ans, il déposa en vitesse assiettes et pain de campagne avant de partir à la recherche d'un kil de rouge. Gabriel demanda et obtint une Corona.

– Au Mexique, y vendent ça pour rien. Ici t'en as pour au moins vingt balles, précisa le barbu.

Au pâté vinrent s'ajouter quelques tranches de jambon de pays, de la saucisse sèche et un peu de fromage. Le camembert avait sans doute effectué Paris-Toulouse à la marche.

– Frugal mais consistant, risqua Gabriel.
– On va finir au coin du feu.

Le barbu s'était approché d'une vieille cheminée. Un fagot de sarments de vigne et quelques bûches attendaient de faire leur office. Il y mit le feu. Rapidement une flamme claire s'éleva. Les deux hommes s'assirent devant pour bavarder de tout et de rien. Le barbu évoqua son existence. Il avait choisi ce type de vie un peu marginale. N'était inscrit nulle part, n'avait jamais mis les pieds dans un bureau de vote. Gabriel sentit augmenter sa sympathie envers le bonhomme.

Il venait d'entamer sa troisième Corona. L'autre s'était versé un grand verre d'Armagnac qu'il sirotait délicatement après l'avoir fait tiédir entre ses mains.

– Alors ce service spécial, attaqua-t-il, c'est quoi exactement ?

– Exactement ? J'ai besoin d'un flingue et Pascal m'a laissé entendre que c'est dans tes cordes.

– Faut voir. J'ai un 38 Smith & Wesson. Si ça fait ton affaire il est à toi !

– Tu parles Charles. C'est tout bon.

Gabriel se mit alors à évoquer l'affaire Paco. Il se sentait en confiance. Pascal avait simplement dit, c'est un pote, et le mec lui offrait l'hospitalité.

Le barbu connaissait un peu Paco. Il en savait davantage sur le mouvement Farem Tot Petar qu'il avait conseillé dans le temps à propos d'explosifs.

– À présent sur Internet, tu peux trouver la recette de la bombe à la rubrique du parfait terroriste. À mon avis ces mecs sont en train de tuer les petits métiers.

Il se faisait tard. Sur ces paroles fortes, ils décidèrent d'aller se coucher.

– Demain, assura le barbu, je prends contact. S'il est chez eux, on va vite le retrouver ton Paco.

***

Claude Gallice, le garde du corps d'Ordioni, avait fait son rapport dans l'après-midi. Son patron, grâce au numéro minéralogique fourni par Puech, n'avait eu aucun mal avec ses relations, à obtenir l'adresse de Michèle Casanueva.

Au petit matin, Gallice et Montagagne s'étaient mis en planque à proximité de l'appartement. Lorsque Gabriel était sorti, ils avaient immédiatement repéré sa grande carcasse. Ils avaient été obligés de le suivre en voiture jusqu'aux Puces. Mais leur coup avait foiré. Ils avaient manqué leur cible. Ordioni bouillait d'énervement.

– Vous êtes vraiment nuls. On vous sert ce fouineur sur un plateau et vous trouvez le moyen de le louper. Heureusement il nous reste la fille. Débrouillez-vous pour me l'amener. Et cette fois ne la ratez pas comme l'autre.

***

Gabriel appela Pascal le lendemain aux aurores. Il apprit ainsi que Mimi avait disparu.

– Je suis passé chez elle en fin de soirée,

précisa son interlocuteur. La porte de l'appart était entrouverte et à l'intérieur, un vrai boxon. Des chaises renversées, de la vaisselle cassée. Je suis sûr que ces salauds l'ont embarquée.

Gabriel lui jura qu'il la retrouverait le plus vite possible.

19

Papou avait tenu sa promesse. Il s'était levé dès potron-minet, dérogeant à ses habitudes ataviques pour appeler les jeunots de Farem Tot Petar. Il réussit à établir immédiatement le contact. Les gars acceptaient de fournir un soutien logistique à Gabriel pour l'aider à retrouver Mimi rapidement. Papou obtint aussi des nouvelles de Paco et échangea quelques mots avec lui.

À dix heures du matin, deux motards, vêtus de noir, arrêtèrent leurs engins dans la cour de la ferme. Gabriel était seul pour les accueillir. Papou, son message transmis, était reparti buller depuis longtemps. Les présentations furent vite faites. Gabriel expliqua aux deux hommes qu'il voulait faire une visite à la villa d'Ordioni. Sans prononcer un mot, les gars lui passèrent un casque. Ils démarrèrent en direction de Toulouse avec Gabriel à l'arrière de l'un des deux engins.

Le trajet dura à peine quarante minutes. Sur les lignes droites les motards roulaient plein pot. Gabriel espérait que les ravisseurs de Mimi n'avaient pas fait preuve de trop d'imagination. Il pensait découvrir la journaliste dans la cave où lui-même avait été séquestré. Le trio arriva bientôt en vue des bâtiments de Restoplus. Gabriel repérant la villa d'Ordioni, légèrement à l'écart, leur fit signe de s'arrêter un peu avant.

Le site restait à découvert, clôturé par une haie de sapinettes, renforcée de grillage. Il allait falloir jouer fin pour ne pas se faire repérer. Près de la grille d'entrée, on voyait un homme, apparemment désœuvré. Il n'avait pourtant rien de l'épouvantail qu'on dresse dans les jardins pour effrayer les oiseaux. Malgré la distance, Gabriel crut reconnaître un des videurs du Bambou.

Il devenait nécessaire de tenir un conseil de guerre pour définir la meilleure façon d'investir la place. L'un des motards suggéra de contourner l'obstacle. Il semblait bien connaître le coin. Ils se retrouvèrent bientôt à l'arrière de la propriété à un endroit où le grillage avait été sectionné. La coupure était pratiquement invisible à moins d'y tomber dessus. Le motard souleva un pan du treillis. Ils se faufilèrent en silence à l'intérieur du domaine. Avant de franchir la haie de petits sapins, qui ne présentait aucune difficulté, ils observèrent la pelouse. La villa se trouvait à l'autre bout. Il faudrait tout traverser à découvert. Pour éviter ce handicap, Gabriel proposa de se rapprocher le plus possible de la maison en marchant derrière la haie. Ils purent ainsi progresser sur une cinquantaine de mètres et se retrouver à proximité de l'édifice. On ne voyait personne alentour. Au signal de Gabriel, les trois hommes sortirent d'un bond de leur cachette pour courir jusqu'à l'entrée.

Faisant signe à ses compagnons de rester où ils se trouvaient, Gabriel empoigna le 38 acheté à Papou. Il prit soin de l'armer avant de grimper silencieusement les marches qui le séparaient de la porte d'entrée. Lorsque celle-ci s'ouvrit doucement sous sa poussée, il entendit un air de musique qui semblait provenir de la dernière pièce, au fond à gauche. Il s'en approcha, manœuvra lentement la poignée avant de donner un grand coup de pied dans la porte. Sous la violence, le montant s'ouvrit à toute volée et Gabriel put découvrir la mine défaite du mélomane qui occupait la pièce. Son vieil ami le ventru le regardait hagard, le visage congestionné par la surprise.

– Alors mon pote, tu t'es requinqué depuis l'autre jour ? Ça m'a pas l'air !

Le ventru ne perdit pas son temps à lui répondre. L'étonnement passé, il tenta de saisir son arme. Gabriel avait l'avantage. Il en profita et tira le premier. Avec cette ordure, il n'allait quand même pas jouer au gentleman, comme on en voyait jadis dans les westerns américains. La balle toucha le ventru au niveau du genou gauche et son sang se mit à pisser sur le tapis. Il s'écroula en gémissant.

Gabriel ne perdit pas une seconde à s'apitoyer. Mimi était en danger. Il n'était venu que pour elle. Il ne s'était pas trompé. Ces lourdauds n'avaient pas l'esprit inventif. Il retrouva la journaliste enfermée dans la pièce du sous-sol. Depuis son dernier passage le Poulpe nota simplement que les lascars avaient changé la porte et renouvelé la paillasse.

– Le salaud, échappa-t-il.

Le ventru avait dû tenter de passer un moment agréable. Mimi gisait sur le lit, inerte, figure tuméfiée, vêtements lacérés. Entrouvrant les yeux, elle reconnut Gabriel et ébaucha un douloureux sourire. Il la prit dans ses bras pour l'aider à se redresser.

– Tu vas pouvoir marcher ?

Elle acquiesça de la tête.

– Faut pas moisir ici. Ils risquent de revenir plus nombreux.

***

L'expédition s'était déroulée sans anicroche. Tous quatre avaient emprunté pour sortir le même chemin qu'à l'aller, en sens inverse. Un des motards était parti raccompagner Mimi chez elle. Elle pourrait alerter une amie qui l'aiderait à retrouver figure humaine.

Gabriel resta sur place en compagnie du second motard, précisément celui qui semblait si bien connaître les failles de la clôture. Mimi partie, il attaqua.

– Tu t'appelles Paco, non ? Paco Escobar !

Le motard ne put masquer un mouvement de surprise.

– Comment avez-vous su, on s'est jamais vus ?

– Pas très difficile. Tu savais que le grillage était troué. Tu le savais parce que c'est toi qui as fait ce trou quand tu es venu cambrioler Ordioni. Non ? On lui a volé des documents récemment.

– C'est Blanchon que j'ai cambriolé.

– Si on changeait de quartier ? Tu m'expliquerais tout ça tranquillement.

– Vous êtes qui ?

Gabriel répondit indirectement à la question. Il devenait impératif de gagner la confiance de Paco. Il se mit à lui parler de Pascal, évoqua Maria et Mimi. Il lui proposa de poursuivre l'entretien dans son appartement de la rue Varsovie.

***

Un peu avant dix-sept heures Ordioni fut informé que l'oiseau s'était envolé. En arrivant à sa villa il découvrit son homme à tout faire bien mal en point. Son visage d'ordinaire énergique, parut soudain fatigué. D'un coup ses traits s'étaient affaissés. On aurait pu lui donner facilement dix ans de plus. Se reprenant d'un coup, il se mit à hurler.

– Cette fois ça va chier ! Ces enculés on va se les faire !

À quelques pas de là, Claude Gallice le regardait, interrogatif.

– Oui on va se les faire. Prends ton matériel, on va se payer une descente.

Servile, Gallice le suivit jusqu'à la voiture.

***

Pascal était absent. Gabriel ouvrit la porte avec la clé que lui avait confiée le jeune homme. Paco avait fait le même geste, avait hésité, puis avait souri. Paco était chez lui.

Ils prirent à peine le temps de s'installer et le dialogue reprit, Gabriel précisant qu'Ordioni l'avait séquestré lui aussi pour le torturer et le faire parler sur une affaire à propos de laquelle il ignorait beaucoup de choses. Sa conclusion fut brève.

– Ce type est une crapule. Il faut en finir avec lui.

Sincèrement étonné, Paco se mit à parler à son tour.

– Je comprends plus rien à cette histoire.

Il raconta comment depuis qu'il connaissait Marie, il s'était imposé de changer de vie, de se stabiliser. Il avait pris des cours d'informatique pour ouvrir une boîte. Lorsque Maria lui avait révélé le secret de sa naissance, il crut entrevoir une solution. Son père ne refuserait pas de lui avancer une petite somme. À partir de ce jour il fit tout pour rencontrer Blanchon.

– Pour débuter, faut un peu de pognon. Je

pensais que mon père, après toutes ces années, aurait pu m'aider.

Ayant appris que Blanchon dirigeait Restoplus, Paco avait fait un véritable siège pour l'atteindre mais ses coups de téléphone ne rencontraient que le vide. Excédé, il s'était pointé là-bas un beau matin pour tomber sur Ordioni qui avait accepté de le recevoir.

– Au début je le prenais pour Blanchon. J'ai piqué ma colère et lâché le morceau. J'exigeais un peu de pognon. Même un prêt. Il pouvait faire ça après m'avoir largué pendant vingt-cinq ans. L'autre m'a expliqué mon erreur. Ce n'était pas lui Blanchon mais il le connaissait bien. Il lui ferait la commission, m'a-t-il assuré.

Gabriel commençait à entrevoir le piège dans lequel Paco s'était enlisé.

– Deux jours plus tard, j'ai téléphoné à Ordioni pour m'entendre dire que mon père refusait de me voir. Il ne souhaitait même pas entendre parler de moi. J'étais écœuré.

Gabriel imagina les sentiments du jeune garçon. Apprendre subitement qu'on a un père et découvrir que celui-ci refuse de recevoir son fils ne devait pas être facile à vivre. Il pouvait comprendre la douleur de Paco et sa déception aussi. Le môme espérait tant que son géniteur l'aiderait à changer de vie.

– J'avais tellement les boules que j'ai fait une connerie. Une nuit je me suis pointé à Restoplus. C'est là que j'ai cisaillé le grillage.

Je voulais faire un casse. J'ai volé des documents dans le bureau d'Ordioni. Des contrats, des factures, des livres de comptes. Tout ce que j'ai pu embarquer dans mon sac de sport.

– Tu les as planqués en lieu sûr ?

– Évidemment. J'avais décidé de faire chanter Blanchon. J'ai appelé Ordioni pour lui transmettre mes exigences. Si mon père refusait de m'aider il ne reverrait jamais ses documents. Il en avait pour des mois de boulot à tout reconstituer. Je pensais qu'il allait céder. Depuis que je fréquente les gars de Farem Tot Petar je suis devenu gonflé.

– Et sa réponse ?

– Toujours par l'intermédiaire d'Ordioni. Négatif. Il maintenait son refus. Deux jours plus tard, j'étais au concert avec ma copine. On l'a tuée d'un coup de fusil. J'ai compris le message. Je me suis planqué vite fait. Plus tard, quand j'ai su que mon père était mort dans l'explosion de sa baraque, j'étais mort de trouille. Je comprenais plus rien au film.

– C'était pas un coup de Farem Tot Petar ?

– Tu déconnes j'espère. Mes copains ont rien à voir là-dedans. On l'a appris dans le journal.

– Va chercher les documents. Il faut que j'y jette un œil. Et n'oublie pas de ramener un peu d'explosif, on en aura besoin.

20

Gabriel téléphona à Mimi pour prendre de ses nouvelles. Elle allait mieux mais lui recommanda de bien se tenir sur ses gardes. Elle avait craqué pendant la séance des réjouissances avec le ventru.

– Je ne t'ai pas montré. Cette ordure m'a même brûlé les seins avec une clope.

Mimi lui dit encore comment sous la douleur elle avait lâché l'adresse de Pascal. Celui-ci venait justement de lui faire une petite visite. Il n'allait pas tarder à rentrer. Gabriel tenta de la réconforter. Sa colère contre Ordioni monta d'un cran.

Il décapsula une bière en boîte et roula un peu de tabac dans une feuille de papier gommé. Il venait à peine d'allumer sa cigarette qu'il entendit une voiture s'arrêter. Soulevant légèrement le rideau de la fenêtre, il les vit. Trois hommes. Ordioni et deux énergumènes qu'il ne connaissait pas. Sortant son 38, il se plaqua contre le mur, derrière une petite armoire.

Les truands entrèrent. Claude Gallice marchait devant, armé d'un fusil à pompe. Montagagne le suivait. Ordioni, toujours avisé, fermait la marche. Ils avançaient de manière prudente comme des soldats qui investissent une cache inconnue sans savoir ce qui peut se trouver à l'intérieur. Gabriel décida de passer à l'offensive dès que l'occasion se présenterait. Face à trois lascars entraînés, il avait tout intérêt à en éliminer le maximum tout de suite. Il appliqua la résolution, qu'il venait de voter à l'unanimité, lorsqu'ils pénétrèrent dans la pièce.

Gallice dégusta dans le bide la première balle. Son sang gicla. Il s'affala sur le plancher. Bien que surpris, Montagagne tenta de réagir. Gabriel l'assaisonna à son tour. Aux jambes cette fois. En regardant ses deux hommes qui gisaient à ses pieds, Ordioni n'esquissa pas un geste. Il semblait paralysé. Il venait de comprendre qu'il ne figurait plus dans le tiercé gagnant et il suait la trouille. Gabriel s'avança, une moue méprisante aux lèvres.

– Alors cow-boy. On rigole plus à présent ! Pose ton arme.

La question paraissait superflue. Le revolver d'Ordioni reposait sur le sol. Il l'avait laissé tomber sans même s'en rendre compte. Gabriel ramassa l'arme et fit choir l'homme dans un fauteuil.

– Pose ton cul, ordure. Faut qu'on cause tous les deux. Alors comme ça il paraît que tu voulais aider le fils de Blanchon. T'es un grand sentimental et on le savait pas. Fumier va !

Ordioni ne pipa mot. Il regardait fixement devant lui, immobile.

21

Le visage de Pascal se fit cramoisi lorsqu'il découvrit les deux truands dans son salon. Un tout à fait immobile et l'autre geignant à peine. Il n'en menait pas large. Gabriel tenta de le calmer en résumant la situation de façon pragmatique.

– Sinon c'est moi que tu aurais trouvé allongé à leur place. Et toi non plus ils ne t'auraient pas manqué. Tu as vu ce qu'ils ont fait à Mimi ?
– Mais qu'est-ce qu'on va en faire ?
– Préviens tes potes de Farem Tot Petar. Ils trouveront une solution. J'ai bien envisagé de mettre les deux mecs dans ta poubelle, mais ils ne rentraient pas. Il faudrait aussi que tu appelles Philippe. J'ai un service urgent à lui demander.

***

Enfin Paco se manifesta. Il ramenait les documents. Désirant les examiner tranquillement, Gabriel lui confia son arme pour surveiller Ordioni. Il éplucha quelques contrats avant de se plonger dans les livres de comptes. Au bout d'une heure il avait fait le tour de la question.

Il s'approcha d'Ordioni.

– Tu l'as pigeonné le petit jeune. Il désignait Paco. Et lui bonne pomme, il a gobé toutes tes manigances. Tu es un magouilleur Ordioni comme l'était Blanchon. Et en plus un tueur. À présent tu vas nous expliquer toute ta combine sinon...

Gabriel arma le revolver récupéré sur le truand et se rapprocha de lui, l'air menaçant.

– Je vais un peu t'aider Ordioni. Tu as renégocié de nombreux contrats de service. Je viens de les lire. Tes tarifs me semblent sacrément à la hausse. Blanchon était au courant ?

– Justement non, répondit Ordioni d'une voix mourante.

– Comme il te faisait confiance tu t'es dit pourquoi se gêner. Et tu l'entubais de première. Tu gardais pour toi la différence entre l'ancien et le nouveau tarif. Avec une double comptabilité, ton vieux pote des Bérets Noirs n'y voyait que du feu. J'ai toujours pensé que l'esprit de corps c'était du pipeau. Dès qu'on a le pouvoir on veut le pognon, et inversement. Vous êtes tous pareils. Mais tu t'es pas contenté de ça. T'as aussi voulu faire porter le chapeau à Paco. Je parie que t'as même pas parlé de lui à son père. Allez explique-lui.

– Quand il est venu me trouver j'ai eu peur. Blanchon aurait pu accepter de lui filer un boulot à Restoplus. Pourquoi pas à l'informatique. Je l'aurais eu entre les pattes en permanence. En fait j'en ai pas parlé à Blanchon.

– Et quand tu as découvert le vol des documents, tu as flippé comme un malade. Quand tu as su que c'est le môme qui les gardait, tu as bien gambergé...

Paco suivait le dialogue. Il devenait blême en comprenant comment il s'était fait piéger depuis le début.

– Tu as fait descendre la fille, la copine de Paco, pour lui filer les jetons.

– Quand je l'ai appelé ensuite, intervint Paco, il m'a raconté que c'était mon père qui avait lancé le contrat sur moi. Il a ajouté qu'il ne comprenait pas. Que c'était dégueulasse, mais que si je voulais me venger... Et il m'a donné l'adresse de la villa de Blanchon et le jour où il serait là.

– Tu étais donc là-bas le soir de l'explosion, l'interrompit Gabriel.

– Je me suis pointé en douce en fin d'après-midi. J'ai vu un mec habillé en motard qui rôdait dans le coin. Mais je suis pas resté. Ça me semblait louche. Je suis reparti me planquer.

– Tu as bien eu raison car ce fumier, il désigna Ordioni, t'avait préparé un petit traquenard. Si tu t'étais montré, je suis sûr qu'on t'aurait retrouvé, mort ou vivant, dans le coin et à cette heure la police aurait déjà bouclé l'affaire.

– Alors c'est lui qui a fait sauter mon père, hurla Paco en brandissant l'arme qu'il tenait toujours.

Gabriel s'approcha pour le calmer tout en continuant à surveiller de près Ordioni. Avec les crotales, il faut rester vigilant sinon on risque une piqûre mortelle.

***

Une heure plus tard Gabriel et Paco se retrouvèrent dans le bureau directorial de Restoplus. Ils avaient emmené avec eux Ordioni. À présent plus tranquille, Paco le surveillait, le 38 bien en pogne. Le Poulpe animait l'entretien pour tenter de faire signer au truand une lettre à propos de l'affaire Blanchon. La confession devait se borner à évoquer ses détournements de fonds qui l'avaient conduit à éliminer brutalement son associé. Nulle part n'apparaissait le nom de Paco.

Ordioni sentait bien que les carottes étaient cuites. Il écrivit. Lorsqu'il eut achevé son texte, il tenta un geste désespéré pour s'emparer d'un revolver dissimulé dans son tiroir. Paco ne laissa pas passer l'occasion. Il se rappela ses séances d'entraînement en rase campagne et lui colla une balle en plein front. Le corps bascula tête en avant sur le bureau. Une tache de sang s'élargit rapidement. Gabriel eut la présence d'esprit de retirer la lettre d'Ordioni pour qu'elle reste lisible. Il plaça ensuite l'arme avec laquelle Paco avait tiré, dans une main du mort avant de tout laisser retomber.

– Ça passera pour un bon petit suicide Paco. Tes ennuis sont terminés.

Pourtant le jeune garçon accusait le coup. Il tremblait et restait toujours d'une pâleur alarmante.

– Tu crois que ça va aller ? Faut qu'on rentre à présent.

***

Pendant leur absence, les gars de Farem Tot Petar avaient fait le ménage. On découvrirait peut-être les carcasses des truands devant l'entrée des urgences d'un hôpital ou carrément dans le canal, bloqués à une écluse. L'élevage des piranhas ne se pratique pas encore à Toulouse, ni celui des gloutons. On leur préfère la violette qui sent bien meilleur.

Gabriel accéléra le moment des adieux avec Pascal. Il n'aurait pas le temps de revoir Mimi. Peut-être un jour à l'occasion. Ayant récupéré son sac à dos et sa casquette, il s'installa sur le tan-sad de la moto. Paco avait accepté de le conduire dans la nuit pour une dernière balade.

Gabriel avait mémorisé le plan intérieur des divers bâtiments d'Aérojet dessiné grossièrement par Philippe. Restait à y pénétrer, ce qui n'était pas le plus facile. Avec les caméras infrarouges et le mur d'enceinte, toute incursion par cette voie s'avérait inopérante. Ils tentèrent l'entrée centrale. Lorsque la moto se rua à travers le mince espace qui permettait d'ordinaire le passage des piétons, le garde de service sommeillait à moitié devant son écran de contrôle. Son temps de réaction ne lui permit pas de comprendre. L'engin était déjà loin, roulant en direction du petit bâtiment localisé par Gabriel. Malgré l'obscurité on distinguait sur une des vitres de la fenêtre «Syndicat autonome d'Aérojet».

Pendant que Paco officiait, Gabriel empoigna la moto sans couper le moteur.

– Magne-toi.

– C'est fait.

Lorsqu'ils sortirent en trombe par la porte d'entrée, le garde ne réalisa toujours pas. Peut-être demain dirait-il aux informations régionales avoir vu de petits hommes verts et senti un rayon bienfaisant ? Sûr alors serait-il invité par Jacques Pradel à son émission télévisuelle *L'Odyssée de l'Étrange* ?

Paco roulait en direction de l'aéroport de Blagnac. Avec un peu de chance Gabriel pourrait sauter dans le dernier Airbus pour Paris. À mi-chemin, ils entendirent une forte explosion et distinguèrent une lueur. Sans doute la soucoupe des petits hommes verts qui venait de décoller.

***

Installé en classe économique Gabriel resta éveillé durant tout le parcours. Il pensait à Cheryl et aux copains de la Sainte-Scolasse qu'il allait bientôt retrouver.

Il imagina aussi la nouvelle pièce qui allait venir compléter son Polikarpov. Le coffre d'Ordioni recelait plus de soixante mille francs en liquide. Il tâta son sac à dos rebondi. De toute façon, l'autre fumier n'en ferait plus usage.

Il en avait filé la moitié à Paco, en lui demandant de faire le partage avec ceux de Toulouse qu'il aimait bien.

Ce qui pouvait faire du monde.

DÉJÀ PARUS AUX ÉDITIONS BALEINE

1. **Le Poulpe** - Jean-Bernard Pouy
   La petite écuyère a cafté
2. **Le Poulpe** - Serge Quadruppani
   Saigne sur mer
3. **Instantanés de Polar** - Franck Pavloff
   Foulée noire
4. **Le Poulpe** - Patrick Raynal
   Arrêtez le carrelage
5. **Instantanés de Polar** - Olivier Thiébaut
   Larmes de fond
6. **Instantanés de Polar** - Jean-Jacques Reboux
   Le massacre des innocents
7. **Le Poulpe** - Didier Daeninckx
   Nazis dans le métro
8. **Le Poulpe** - Noël Simsolo
   Un travelo nommé désir
9. **Le Poulpe** - Franck Pavloff
   Un trou dans la zone
10. **Instantanés de Polar** - Noël Simsolo
    Couleur sang
11. **Le Poulpe** - Paul Vecchiali
    La pieuvre par neuf
12. **Le Poulpe** - Jean-Jacques Reboux
    La cerise sur le gâteux
13. **Le Poulpe** - Claude Mesplède
    Le cantique des cantines
14. **Le Poulpe** - Pascal Dessaint
    Les pis rennais

À PARAÎTRE

15. **Le Poulpe** - Olivier Thiébaut
    Les pieds de la dame aux clebs
16. **Le Poulpe** - Gérard Delteil
    Chili incarné

*Cet ouvrage a été imprimé
sur presse CAMERON
par Bussière Camedan Imprimeries
à Saint-Amand-Montrond (Cher)
en mars 1996*

- N° d'impression : 1/685. -
Dépôt légal : avril 1996.

Imprimé en France